일본어 경어의 이해

백동선 지음

신아사

백동선(白同善)

· 일본 나고야대학대학원 문학연구과 일본언어문화전공
　석·박사과정 졸업, 문학박사
· 나고야한국학교, 나고야대학 교관 역임
· 현재 강원대학교 일본학과 교수

〈저서 및 논문〉

· 『일본어학개설』(2016, 신아사)
· 「放送を通じてみた日本人の敬語運用の実態に関する研究」
　(2015,『日語日文學研究』第95輯1卷) 등

일본어 경어의 이해

초판 1쇄 발행 _ 2016년 8월 25일
　　2쇄 발행 _ 2020년 8월 25일

저　　자 · 백 동 선
발 행 인 · 정 현 걸
발　　행 · 신 아 사
인　　쇄 · 대명프린팅
출판등록 · 1956년 1월 5일 (제9-52호)
주　　소 · 서울시 은평구 통일로 59길 4(2F)
전　　화 · 02)382-6411 · 팩스 02)382-6401
홈페이지 · www.shinasa.co.kr
E-MAIL · shinasa@daum.net

ISBN 978-89-8396-951-4(93730)

정가 12,000원

머/리/말

일본어를 이해하는 데에 있어서 경어는 필수적인 코스이다. 경어를 모르고 일본어를 구사한다는 것은 있을 수 없는 일이다. 고품격의 일본어를 이해하고 구사하는 데에 경어가 핵심적인 역할을 하고 있기 때문이다.

일본어에 있어서 경어는 복잡하고 다양한 인간관계를 적절하게 유지할 수 있도록 조절해주는 역할을 하고 있다. 경어를 윤택한 언어생활을 위한 윤활유라고 일컫기도 한다.

일본어에는 경어가 매우 복잡하게 발달되어 있다. 본서에서는 이 복잡 다양한 일본어의 경어에 대한 기본 개념과 체계를 학습하고 실생활에서 유용하게 쓸 수 있는 여러 예문을 제시하였다.

일본어의 경어는 전통적으로「존경어 · 겸양어 · 공손어」라는 세 가지로 설명되어 왔다. 그리고 그 외에도 관점에 따라 여러 가지 분류법이 제시되고 있다. 이런 과정을 거쳐 일본 정부에서는 2007년에「경어의 지침」이라는 것을 발표하였다.

「경어의 지침」에서 보여준 분류법에 문제점이 전혀 없는 것은 아니다. 그러나 이것은 앞으로의 경어교육에 있어서 말 그대로 하나의 지침이 될 것이다. 따라서 기본적으로「경어의 지침」에 따라 일반론을 습득할 수 있도록 하였다.「경어의 지침」이 필자의 지론과 상충될 경우에는 그 이유를 제시하고 간략하게 부언설명을 더한다.

본서는 일본어 경어의 체계를 이해하고 상황에 따른 경어운용법의 차이를 익혀, 올바른 경어활용을 할 수 있도록 하는데 목적이 있다. 일본어의 경어표현을 중심으로 전개하지만, 이해를 위해 한국어의 경어표현과 비교 대조되는 경우가 있다. 가능한 한 일반 독자가 읽어도 이해할 수 있게 평이하게 쓰도록 노력하였다.

본서를 구성하는 전체적인 골격은 다음과 같다.

제1장에서는 경어라는 것이 무엇인지 그 개념부터 살펴보도록 한다. 경어와 대우표현과의 관계 등에 대해서도 논한다.

제2장에서는 존경어를 익힌다. 존경어는 무엇이며 이에 속하는 용어와 구문에는 어떤 것이 있고, 그들이 어떻게 활용되는가를 살핀다.

제3장에서는 겸양어Ⅰ에 대해 학습한다. 겸양어Ⅰ이 겸양어Ⅱ와 어떻게 다르며 어떻게 구분하여 사용하여야 하는가 등을 익히도록 한다.

제4장에서는, 겸양어Ⅱ(정중어)를 학습한다. 겸양어를 왜 Ⅰ과 Ⅱ로 나누어야 하는지, 겸양어Ⅱ와 정중어는 구분할 필요가 있는지 없는지 등을 살피도록 한다.

제5장에서는 공손어에 대해 살핀다. 공손어와 정중어와는 어떤 차이가 있는지 등을 더불어 학습하고, 여러 종류의 공손표현을 익히도록 한다.

제6장에서는 미화어에 대해 살펴보고 미화표현에는 어떠한 용어와 기능이 있는지를 학습한다.

제7장에서는 경어를 이해하는데 필요한 관련 개념을 정리하여 제시하도록 한다. 경어를 좀 더 폭 넓게 이해하는데 도움이 될 것이다. 필요할 때 바로 참고할 수 있도록 배열하였다.

본서의 해설은 한글표기를 원칙으로 하고, 일본어를 병기하는 것이 유효하다고 판단되는 용어에는 괄호 안에 일본어를 표기한다. 이때는 일본어를 표기하는 것이기 때문에 한자는 일본한자를 사용한다. 물론, 일본어 구문이나 예문은 일본어로 표기하고 필요에 따라 해석을 부여한다. 예문은 경어를 습득함과 동시에 일본어 실력 향상에도 기여할 수 있는 것으로 선별하였다.

주석을 필요 없이 나열하는 관행을 비판하는 입장이기 때문에 주석은 사용하지 않는다. 출처를 밝히는 부분은 본문의 내용주로 하고, 부언설명이 필요한 경우에도 가능한 한 본문에 삽입하여 독자의 편의를 제공하고자 하였다.

일본어의 언어표현에 있어서 경어표현의 역할은 매우 중대하다. 화자가 청자 혹은 화제의 인물과 자신과의 관계를 고려하여 사용하는 경어에는 일본인의 언어사회적 측면이 여실히 반영되어 있기 때문이다. 일본어의 경어를 이해한다는 것은 일본인의 생활방식을 이해하는 것이며 일본의 언어문화를 이해하는 길이다. 일본어의 경어표현은 일본인의 인간관계를 파악할 수 있는 최상의 수단이기도 하다.

일본어의 경어는 매우 복잡한 양상을 보이면서 일상생활 속에 스며들어 있으며, 일본 사회에서 경어를 떠나서는 언어표현을 생각할 수 없다. 일본의 언어사회에서 경어의 중요성을 부정할 수는 없는 것이다. 따라서 경어에 대해 긍정적으로 생각하고 적극적으로 익혀서 활용할 수 있도록 하는 것이 좋다. 본서가 일본어의 경어에 대해 그와 같은 역할을 할 수 있게 되기를 기대한다.

2016년 8월 25일

백 동 선

【목차】

제1장
경어의 개념

1. 경어의 정의
2. 경어와 대우표현
3. 경어의 종류

1. 경어의 정의

경어(敬語, honorifics)란, 어떤 표현을 할 때에 표현주체가 대화를 구성하는 3요소인 화자와 청자 및 화제의 인물 사이의 상대적인 상하관계(上下関係) 또는 사회적인 친소관계(親疎関係) 등을 고려하여, 경의(敬意)를 나타내는 언어형식을 사용하여 그 관계자를 대우하는 언어표현을 말한다.

일상의 언어표현에서 우리는 같은 내용을 전달하는데도 등장인물에 따라서 다른 용어를 선택하는 경우가 많다. 예를 들면, 누구의 행동이냐에 따라 「言う(말하다)」를 쓸 수도 있지만 「おっしゃる(말씀하시다)」를 쓸 수도 있고, 겸손하게 「申し上げる(말씀드리다)」를 쓸 수도 있다.

(1) a) これから<u>言う</u>ことをよく聞いてください。
(지금부터 말하는 것을 잘 들어 주세요)

b) おっしゃることの意味が理解できません。
(말씀하신 것의 뜻을 이해할 수 없습니다)

c) 資格試験に合格したことを早く先生に<u>申し上げ</u>たいですね。
(자격시험에 합격한 것을 빨리 선생님께 말씀드리고 싶네요)

문말표현에 있어서도 듣는 사람에 따라서 「食べる(먹다)」「食べた(먹었다)」와 같은 보통체의 문장으로 말을 끝낼 수도 있고, 「食べます(먹습니다)」「食べました(먹었습니다)」와 같은 공손한 형태로 표현할 수도 있다.

(2) a) 昨日は久しぶりにシャブシャブをたらふく食べた。
(어제는 오랜만에 샤브샤브를 배불리 먹었다)

b) 朝はいつもパンを食べます。
(아침에는 언제나 빵을 먹습니다)

이와 같이 경어는 어떤 사람을 높여서 표현하거나, 자기를 낮추어서 표현하는 경우, 또는 듣는 사람에게 공손하게 표현하는 등의 일련의 언어표현 형식을 가리킨다.

한 가지 주의해야 할 점이 있다. 경어는 일반적으로 높임말로 이해할 수 있지만, 누군가를 높이는 표현뿐만 아니라 자기를 낮춤으로 인해 상대적으로 상대방을 높이는 표현도 경어에 포함된다는 점이다. 대화체(話し言葉)뿐만 아니라 문장체(書き言葉)의 경우도 마찬가지이다. 다음의 (3a)는 행동주를 높이는 표현이니 당연히 경어이고 (3b)는 행동주인 화자를 낮추어서 상대적으로 청자를 높이는 경어이다.

(3) a) 今回の休みにはどちらにいらっしゃいますか。
(이번 휴가에는 어디에 가십니까?)

b) 北海道の温泉に行こうと思っております。
(홋카이도의 온천에 가려고 생각하고 있습니다)

일본에 있어서의 경어에 대한 정책은 몇 번의 변화과정을 거친다. 가장 최근에 발표된 것은 경어에 관련된 종합적인 지침이라고 할 수 있는「경어의 지침(敬語の指針)」(2007)이다. 그 이전에는「앞으로의 경어(これからの敬語)」(1952)라는 것이 전후(戦後)의 경어에 대한 기본적인 자료로 오랫동안 사용되어 왔다. 그 후에 시대의 변화에 부응하고자 2000년「현대사회에 있어서의 경의표현(現代社会における敬意表現)」이라는 것이 발표되었고 이것을 이어받은 것이「경어의 지침」이다.

「현대사회에 있어서의 경의표현」(2000)에서는「경의표현(敬意表現)」을 다음과 같이 정의하고 있다. 경의표현에는 경어뿐만 아니라 경어 외적인 것도 포함하고 있음을 알 수 있다.

> 敬意表現とは, コミュニケーションにおいて, 相互尊重の精神に基づき, 相手や場面に配慮して使い分けている言葉遣いを意味する。それらは話し手が相手の人格や立場を尊重し, 敬語や敬語以外の様々な表現からその時々にふさわしいものを自己表現として選択するものである。
>
> (경의표현이란 커뮤니케이션에 있어서 상호존중의 정신에 입각하여 상대방이나 장면을 배려하여 구분 사용하는 표현방식을 의미한다. 그것은 화자가 상대방의 인격이나 입장을 존중하여 경어와 경어 이외의 각종 표현에서 그때그때에 어울리는 것을 자기표현으로 선택하는 것이다)

이와 같이 경의를 나타내는 표현에는 여러 가지가 있을 수 있다. 그러나 경어라고 할 때는 주로 형태적으로 모습을 갖춘 것을 말한다. 첫 번째 단락에서「경의(敬意)를 나타내는 언어형식을 사용하여 그 관계자를 대우하는 언어표현」이라고 경어를 정의한 이유이다.

2. 경어와 대우표현

경어는 누군가를 높게 대우하거나 자신을 낮추거나 듣는 사람에게 공손하게 표현하는 일련의 형식을 말하는데 이와 같은 경어와 밀접한 관계가 있는 개념에 대우표현(待遇表現)이 있다.

대우표현(attitudinal expressions)이란 인간관계에 있어서의 여러 가지 상황이나 조건에 입각하여 화자가 화제의 인물이나 청자를 대우하는 언어표현의 총체를 말한다. 따라서 대우표현에는 경어표현뿐만 아니라, 중립적인 보통어나 비하하는 비속어가 포함된다.

예를 들면, 「言う(말하다)」라는 개념을 표현할 때 「おっしゃる(말씀하시다)」「申し上げる(말씀드리다)」등은 경어이고, 이 경어는 대우표현에 포함된다. 그뿐만 아니라, 높이거나 낮추는 개념이 없는 보통어인 「言う(말하다)」, 대우받는 이를 낮추는 비속어인 「ぬかす(지껄이다)」 등은 경어는 아니지만 대우표현에는 포함된다는 것이다. 다음의 (1)은 경어를 포함한 표현이고 (2)는 보통어, (3)은 비속어가 포함된 표현이다. 아래의 표현에는 밑줄 친 부분 이외에도 대우표현에 관련된 요소가 포함되어 있는데 구체적인 것은 나중에 학습하게 된다.

(1) a) 失礼ですが, お名前は何と<u>おっしゃい</u>ますか。
(실례지만, 성함이 어떻게 되십니까?)

b) 先生は既に教室に入って<u>いらっしゃい</u>ます。
(선생님은 벌써 교실에 들어가 계십니다)

(2) a) あの人は<u>言う</u>ことと, <u>する</u>ことが全然違う。
(저 사람은 말하는 것과 행동하는 것이 전혀 다르다)

b) 比叡山(ひえいざん)には日本猿が住んでいる。
(히에이산에는 일본원숭이가 살고 있다)

(3) a) ふざけたことをぬかすな。
(말 같지 않은 말을 지껄이지 마라)

b) 君は飯ばかり食いやがる穀潰し(ごくつぶし)か。
(너는 밥만 처먹는 식충이니?)

이와 같이 대우표현은 경어보다 범위가 넓다. 그런데 일반적으로 대우표현을 취급할 때도 경어를 중심으로 해설하는 것이 통례이다. 대우표현의 종류를 표로 나타내면 다음과 같다. 이 중에서, 본서에서는 경어를 취급하고자 하는 것이다.

대우표현	경 어	おっしゃる, いらっしゃる, ます
	보통어	言う, いる, する
	비속어	ぬかす, 食いやがる

학자에 따라서는 경어와 대우표현을 동일시하는 경우도 있고, 비속어도 경어의 일종으로 보아 「마이너스 경어」 등으로 부르는 경우도 있다. 그러나 이것은 일반적인 의견이 아니다. 비속어를 일본어에서는 「卑罵語(ひばご)」「罵倒語(ばとうご)」 등으로 부르는 경우도 있다.

「대우행동(待遇行動)」이라는 용어가 있다. 대우행동은 대인관계에 있어서의 표현의 총체, 즉, 상대방에 대한 인사법, 표정, 손동작, 몸동작, 태도 등을 말한다. 이 대우행동을 광의의 대우표현에 넣는 경우도 있다. 그러나 일반적으로 대우표현은 인간관계에 있어서의 대우에 관련된 언어표현을 가리킨다.

대우표현은 인간관계에 있어서의 언어표현의 총체이기 때문에 지구상의 모든 언어에 대우표현이 존재한다고 할 수 있다. 그러나 경어가 체계적으로 발달되어 있는 언어는 별로 많지 않다.

경어체계를 제대로 갖추고 있는 언어로는, 일본어 · 한국어 · 자바어 · 베트남어 · 티베트어 등을 들 수 있다. 중국어나 영어 등에서는 주로 호칭이나 인칭대명사에서 경어의 형태를 찾아볼 수 있다.

(4) a) Can I help you, madam?

b) Are you ready to order, sir?

(5) a) 您貴姓? (Nin gui xing?)
(성함이 어떻게 되세요?)

b) 高抬貴手. (Gao tai gui shou)
(관대하게 봐 주세요)

영어에도 경어가 있다는 말을 할 때 주로 거론하는 것은 얼마나 공손하게 혹은 정중하게 표현하느냐를 논하는 경우가 대부분이다. 예를 들면 문을 열어달라고 할 때「Open the door」라고 할 수도 있지만「Open the door, please」라고 하거나「Can you open the door?」「Could you open the door, please?」등으로 표현할 수가 있다.

이것은 확실히 경의(敬意)를 내포한 표현이지만 보통 말하는 경어가 아니라 공손한 표현, 즉 폴라이트니스(politeness)를 말한다. 폴라이트니스는 경어의 한 측면이지만 경어 전체를 아우르는 구조적인 체계를 가리키는 것이 아니다. 경어를 폴라이트니스와 동일시하는 입장에서 보면 이것도 모든 언어에 존재한다고 짐작할 수 있다. 이것은 체계의 문제가 아니라 표현상의 문제이다.

일본어에는 일본어의 특징이라고 할 수 있을 정도로 경어가 대단히 체계적으로 발달되어 있다. 그것은 세계의 제언어의 경어 중에서도 대표적인 위치를 차지하고 있다고 할 수 있을 정도이다. 그리고 그 구조와 운용법도 매우 복잡하다.

한국인의 입장에서 보면, 한국어에도 경어가 발달되어 있기 때문에 누구나가 그 용법을 쉽게 이해할 수 있으리라고 생각하기 쉽다. 그러나 실정은 많이 다르다. 실제로, 일본 내에서도 일본인 자신들의 경어 사용법이 잘못되어 있다는 지적은 심심찮게 들을 수 있다. 이것은, 언어행동에 있어서 경어가 얼마나 중요한 요소인가를 보여주는 단적인 증거이기도 하다.

한 예를 들어보도록 하자. 일본인을 대상으로 한 퀴즈프로그램인 「Qさま!!」에서 올바른 경어표현을 둘 중에 하나 선택하게 하는 문제가 있었다. 구체적인 것은 앞으로 공부하겠지만, 워밍업을 겸해서 한 번 풀어보기 바란다. 어디까지나 교과서적인 대답을 요구하는 문제이다. 어렵다고 생각되면 이 부분은 건너가도 된다.

Q 敬語として正しい方を選びなさい

(1) お客様が (　　　)
　(① おっしゃるように　② 言ったみたいに)

(2) 祝宴には (　　　)ますか。
　(① 来　② いらっしゃい)

(3) 部長は社長の (　　　)についてどのようにお考えになりますか。
　(① 言う事　② ご意見)

(4) 私の父に (　　　)。
　(① 会えませんか　② お会いいただけますか)

(5) 荷物を (　　　)。
　(① お持ちしますか　② お持ちしましょうか)

(6) どう (　　　)ましたか。
　(① いたし　② なさい)

(7) 鈴木様は (　　　)ますか。
　(① おられ　② いらっしゃい)

(8) 先輩, (　　　)しました。
　(① 承知　② 了解)

(9) 先生はこうおっしゃ(　　　)ました。
　(① られ　② い)

(10) 後ほど, 拝見(　　　)。
　(① させていただきます　② します)

정답 (1) ①, (2) ②, (3) ②, (4) ②, (5) ②, (6) ②, (7) ②, (8) ①, (9) ②, (10) ②

올바른 경어를 묻는 질문이기 때문에 (2)는 정답이 ②인 것이고 ①이 문법적으로 틀린 것은 아니다. (3)도 마찬가지이다. (10)의 ①은 과잉경어로 취급되고 있는 것으로 현실적으로는 많이 쓰이고 있으며 굳이 맞지 않다고도 할 수 없는 문제이다. 그러나 테스트라면 ②를 선택해야 한다. 어려운 문제이다.

경어는 현대사회에 있어서 단순히 어느 대상을 높이거나 상하관계가 확실하기 때문에 사용된다고 만은 할 수 없다. 그것은 오히려, 상대방과의 모종의 심리적 거리를 유지하거나, 입장에 의한 형식적 사용, 화자의 품위 유지, 상대방의 기분을 상하게 하지 않기 위한 배려 등 여러 가지 역할을 수행하게 되었다. 경어는 언어생활에 있어서의 윤활유 역할을 하고 있다고 할 수 있는 것이다.

3. 경어의 종류

일본어의 경어는 몇 가지의 종류로 나눌 수가 있다. 그런데, 이를 분류하는 방법에는 여러 가지가 있다. 가장 전통적이며 일반적인 분류는 경어를 존경어(尊敬語)·겸양어(謙譲語)·공손어(丁寧語)의 3종류로 나누는 방법이다. 일본의 학교문법에서 사용되어 지금까지도 가장 친숙한 것이 이 3분법이다.

이 분류법에는 몇 가지의 문제점은 있으나, 일본어의 경어를 교육하는데 있어서 가장 기본적으로 사용되어 온 분류법이다. 이 중에서 「尊敬語」와 「謙譲語」는 한국어로도 「존경어」와 「겸양어」로 표현이 되지만, 「丁寧語」는 한국어에 없는 표현이기 때문에 한국어로는 공손어(恭遜語)로 칭한다. 「丁寧語」를 정중어로 번역하는 경우도 있으나 일본어의 경어법에도 「丁重語(정중어)」가 있기 때문에 공손어로 칭하는 것이 구분하기에 편리하다.

경어를 소재경어와 대자경어로 나누는 방식이 있다. 위의 3분법 중에서 「尊敬語」 「謙譲語」는 화제(話題)의 소재(素材)가 되는 인물에 대한 경어이기 때문에 소재경어(素材敬語), 「丁寧語」는 오로지 청자에 대한, 즉 상대방에 대한 경어이기 때문에 대자경어(対者敬語)로 2분하는 2분법이다.

경어를 「尊敬語(존경어)·謙譲語(겸양어)·丁重語(정중어)·丁寧語(공손어)·美化語(미화어)」의 다섯 가지로 분류하는 경우도 있다. 이와 같은 3분법이나 2분법, 또는 5분법은 각각 의미 있는 분류이기는 하지만 기능상의 문제점들을 내포하고 있다. 그래서 필자는 여기에 약간의 수정을 가하여, 경어를 「존경어·소재성겸양어·대자성겸양어·정중어 · 공손어 · 미화어」의 6종류로 분류하여 논할 것을 주장하고 있다.

이와 같이 여러 가지 학설이 있지만, 본서에서는 교육적인 편의를 고려하여, 경어를 2007년에 발표된 「경어의 지침」에 준거하여 풀어가고자 한다. 물론, 분류는 이 지침에 의하지만 위에 나온 여러 용어들이 더불어 쓰일 수가 있기 때문에 서로의 관련성을 잘 이해해두는 것이 좋다. 「경어의 지침」에는 경어가 다음과 같이 분류되어 있다.

1 尊敬語	(「いらっしゃる · おっしゃる」型)
2 謙譲語Ⅰ	(「伺う · 申し上げる」型)
3 謙譲語Ⅱ(丁重語)	(「参る · 申す」型)
4 丁寧語	(「です · ます」型)
5 美化語	(「お酒 · お料理」型)

존경어란 용언을 예로 들어 설명하자면 화제의 인물인 주어를 높여서 대우하는 경어법이다. 존경어에 대하여 경어의 지침에는 「상대측 또는 제삼자의 행위 · 일 · 상태 등에 대하여, 그 인물을 높여서 말하는 것」이라고 풀이되어 있다.

(1) a) 部長は何時に昼御飯を召し上がりますか。
(부장님은 몇 시에 점심을 드십니까?)

b) 局長は既に報告書をお書きになったと思いますよ。
(국장님은 이미 보고서를 쓰셨다고 생각합니다)

(1a)에서 「食べる(먹다)」라는 용어 대신에 「召し上がる(잡수시

다)」를 선택한 것은 주어인「部長(부장님)」를 높이기 위함이다. 또한, (1b)에서「書く(쓰다)」 대신에「お書きになる(쓰시다)」를 사용한 것은 주어인「局長(국장님)」를 높이기 위함이다.

이 때,「召し上がる(잡수시다)」와 같이 한 단어로 형성되어 있는 존경어를「특정한 어형(특정형)」의 존경어라고 한다. 한편,「お書きになる(쓰시다)」에 쓰인「お~になる」와 같이 널리 여러 단어에 적용할 수 있는 것을「일반적인 어형(일반형)」의 존경어라고 한다. 존경어를 만드는 이와 같은 성분을「존경성분」이라고도 한다.

겸양어란, 주어를 낮춤으로 인해 상대적으로 화제의 인물이나 청자를 높여서 대우하는 경어법을 말한다. 겸양어를 학교문법에서는 화제의 인물에 대한 경어로 일괄 취급하여 왔다. 그러나 겸양어에는 소재의 인물에 대한 경어로 사용되는 부류와 청자에 대한 배려를 위해 사용되는 부류가 있다. 따라서 근래에는 두 가지로 나누어서 취급하는 것이 일반적이다.

겸양어 I 은 주어를 겸양하여 상대적으로 화제의 인물을 높게 대우하는 경어이다.

(2) a) 私は社長にお祝いのプレゼントを差し上げました。
(저는 사장님께 축하 선물을 드렸습니다)

b) 分からないことがある時に私は先生にお聞きします。
(모르는 것이 있을 때에 저는 선생님께 여쭙니다)

(2a)에서는「差し上げる(드리다)」를 선택함으로 인해,「私(저)」를 낮춤과 동시에「社長(사장님)」를 상대적으로 높이고 있다. 마찬가지

로 (2b)는「お聞きする(여쭙다)」라는 구문을 사용함으로 인해「私(저)」를 낮추며 상대적으로「先生(선생님)」를 높이고 있다.

이런 종류의 겸양어는 주어인 행위자를 낮춤으로 인해, 그 행위에 의해 대우되는 자를 높여서 대우하는 경어이다. 이때에 대우를 받는 자를「受け手(수용자)」라고 한다. 이런 종류가 겸양어 I 인 것이다. 겸양어 I 은「소재성겸양어」 또는「겸양어A」라고도 한다. 이 겸양어 I 에 대하여「경어의 지침」에는「자기 쪽에서 상대방 쪽 또는 제삼자에게 향하는 행위·일 등에 대하여, 그 향하는 쪽의 인물을 높여서 말하는 것」이라고 풀이되어 있다.

겸양어 II(정중어)는 기본적으로 주어를 겸양하여 상대적으로 청자를 높게 대우하는 경어이다. 화제의 인물을 대우하는 겸양어 I 과는 성질이 판이하게 다르다.

(3) a) 私は明日から日本に参ります。
(저는 내일부터 일본에 갑니다)

b) 私も新年会には参加いたしたいと思います。
(저도 신년회에는 참가하고 싶다고 생각합니다)

(3a)는「参る」를 사용함으로 인해 주어를 낮추고 청자를 높이는 표현이다. 마찬가지로 (3b)는「参加いたす」를 사용하여 주어를 겸양하며 동시에 청자를 배려하는 표현이다. 단, 이와 같은 표현을 한국어로 번역하면 보통어가 되어버리기 때문에 일본어의 어감을 느낄 수 있도록 노력해야 한다.

이와 같이 겸양어 II(정중어)는 화제의 인물과는 관계없이, 주어를 낮춤으로 인해 청자를 높이 대우하는 겸양어이다. 겸양어Ⅱ(정중어)」는 「대자성겸양어」 또는 「겸양어B」라고도 한다. 겸양어Ⅱ(정중어)에 대하여 「경어의 지침」에는 「자기 쪽의 행위·일 등을, 이야기나 문장의 상대방에 대하여 정중하게 말하는 것」이라고 풀이되어 있다.

그런데 이 겸양어Ⅱ(정중어)에는 주어를 낮추는 기능이 없는 용법이 있다. 즉, 주어가 낮추어야 할 대상이 아닌 경우에 오로지 청자에의 정중함만을 나타내기 위해 사용되는 경우가 있는 것이다.

(4) a) まもなく一番線から上りの電車が<u>参り</u>ます。
(잠시 후 1번 홈에서 상행선 전철이 들어오겠습니다)

b) この大会には史上最大の国から選手団が<u>参加いたし</u>ました。
(이 대회에는 사상 최대의 국가로부터 선수단이 참가하였습니다)

(4a)에서의 주어는 「電車」이다. 그러나 이때의 「参る」는 「電車」를 낮추는 기능은 전혀 없다. 오로지 청자를 정중하게 대할 뿐이다. (4b)의 경우는 「選手団」이 인간을 나타내고는 있지만, 이와 같이 불특정다수가 주어일 때에는 화자가 주어를 낮춘다고는 볼 수 없다. 오로지 청자에 대한 배려를 위해 「参加いたす」라는 구문을 사용하였다고 할 수 있는 것이다.

이와 같은 표현에 사용되는 경어를 필자는 정중어라고 하여 겸양어Ⅱ와는 별도로 취급하고 있다. 즉, 겸양어는 기능상 「겸양어Ⅰ」과 「겸양어Ⅱ」로 분류하고, 정중어는 따로 분류를 하는 것이 타당하다고 판단되는 것이다. 그러나 정중어가 이번 지침에서는 「겸양어Ⅱ」에 곁들이는 형태로 분류되어 있다. 아마도 복잡성을 피하기 위한 방편인 것으로 이해된다. 이상과 같은 분류를 통하여 「겸양어Ⅰ」은 소재경어이고, 「겸양어Ⅱ(정중어)」는 대자경어라는 것을 알 수 있다.

공손어(丁寧語)는 화자가 오로지 청자만을 배려하여 그 청자를 높여서 공손하게 대우하는 경어이다. 여기에서는 문법적으로나 의미적으로나 화제의 인물이나 내용과는 일체 상관이 없다. 따라서 화제가 무엇이든 관계없이 쓸 수가 있다. 무생물일 경우도 마찬가지이다. 「공손어」에 대하여 「경어의 지침」에는 「이야기나 문장의 상대방에 대하여 공손하게 말하는 것」이라고 풀이되어 있다.

우리가 가장 비근하게 볼 수 있는 공손어가 「です」「ます」이다.

(5) a) 敬語は敬ったり, 遜ったり, 丁寧に述べる言葉です。
(경어는 존경하거나, 겸양하거나, 공손하게 하는 말입니다)

b) 最近は毎日のように卓球をしています。
(최근에는 매일같이 탁구를 치고 있습니다)

여기에서 주의할 점은 「겸양어Ⅱ(정중어)」나 공손어나 청자에 대한 배려이기 때문에 따로 분류할 필요가 없을 것 같지만 그렇지 않다는 것이다. 「です」나 「ます」는 화제의 인물이 누구이든, 주제가 무엇이든 사용할 수가 있기 때문에 순수한 대자경어이다. 이에 비하여 「겸양어Ⅱ(정중어)」는, 행위자가 상위자일 경우에는 사용할 수가 없다. 다음과 같은 표현은 오용(誤用)이 되는 것이다. 예문 앞에 붙어 있는 「*(アステリスク ; 별표)」는 그 표현이 성립할 수 없다는 것을 나타내는 기호이다.

(6) a) *坂本社長は愛媛県の道後温泉に参りました。
(사카모토사장님은 에히메현의 도고온천에 갔습니다)

b) *吉岡さんは先週の国際会議に参加いたしました。
(요시오카씨는 지난주의 국제회의에 참가하였습니다)

이것은 올바른 경어표현이 아니다. 예문처럼 행위자(坂本社長, 吉岡さん)가 특정인물일 경우에는 그 행위자를 낮추어서 청자를 높이는 겸양어Ⅱ(정중어)의 성격상, 높여야 되는 대상을 오히려 낮추는 꼴이 되어 버리기 때문이다. 한국어에 현혹되지 말기를 바란다. 한국어는 높이는 말은 발달되어 있지만 낮추는 말은 발달되어 있지 않기 때문에 일본어의 낮춤말을 한국어로 번역하면 많은 경우 보통어가 되어 버린다. 한국어를 보고 일본어도 맞다고 판단하면 안 된다는 것이다.

미화어(美化語)를 살펴보도록 하자. 미화어란 소재내용에 대하여 품위 있는 말을 사용함으로 인해 화자자신의 품위를 지키기 위한 말로 일반적으로 해석된다.「お魚・ご飯」등이 그와 같은 예이다. 이들은「魚(さかな)・飯(めし)」에 대하여 품위 있는 표현이 된다.「미화어」에 대하여「경어의 지침」에는「어떤 사항을 미화하여 말하는 것」이라고 아주 간단하게 풀이되어 있다.

(7) a) 日本人は朝御飯のおかずにお魚をよく食べます。
(일본인은 아침밥의 반찬으로 생선을 자주 먹습니다)

b) 裕子, ご飯の時間までにはちゃんと帰ってくるのよ。
(유코, 밥시간까지는 꼭 돌아오는 거다)

미화어는 화자 자신의 품위를 위한 표현이기 때문에 소재경어라 할 수 있지만, 그 품위를 지키는 것이 누구를 배려해서인가를 보면 대자경어라 할 수 있다. 즉 미화어는 소재경어와 대자경어의 기능을 겸비하고 있다고 볼 수 있는 것이다. 미화어는 일본어에 특징적으로 발달되어 있기 때문에 한국어로 번역할 때 대부분 번역이 되지 않고 일반적인 말이 된다.

이상에서 살펴본 경어를 종합하면 다음과 같이 정리할 수 있다. 맨 앞부분이 「경어의 지침」에 의한 5종류이고, 순서적으로 전통적인 3종류, 필자가 분류한 6종류, 그리고 2종류의 분류방법도 병기해 둔다.

〈표1〉 경어의 종류

<table>
<tr><td rowspan="6">敬語</td><td>尊敬語</td><td>尊敬語</td><td>尊敬語</td><td rowspan="2">素材敬語</td></tr>
<tr><td>謙譲語Ⅰ</td><td rowspan="3">謙譲語</td><td>素材性謙譲語</td></tr>
<tr><td rowspan="2">謙譲語Ⅱ
(丁重語)</td><td>対者性謙譲語</td><td rowspan="3">対者敬語</td></tr>
<tr><td>丁重語</td></tr>
<tr><td>丁寧語</td><td rowspan="2">丁寧語</td><td>丁寧語</td></tr>
<tr><td>美化語</td><td>美化語</td><td></td></tr>
</table>

본서는 「경어의 지침」에 따라 경어를 종합적으로 학습하는 데에 초점을 둔다. 그러나 다른 분류법과의 관련성도 함께 익혀 두는 것이 좋다. 이제부터 「경어의 지침」에 나온 순서에 따라 일본어의 경어를 구체적으로 학습하도록 한다.

제2장

대상을 직접 높이는 존경어

1. 용언의 존경어
2. 체언의 존경어
3. 절대경어와 상대경어

1. 용언의 존경어

존경어(尊敬語, honorific words)는 화자가 화제의 인물이나 그 인물의 행위, 소유물 등에 대해 높여서 대우하여 그 화제의 인물에 경의적(敬意的) 배려를 나타내는 경어이다. 동사의 존경어는 화제 중의 동작이나 상태의 주체가 되는 주어를 높여서 대우하게 된다.

경어는 체언(体言)과 용언(用言)으로 구분하여 설명하는 것이 편리하다. 체언은 활용하지 않는 품사 중에서 대명사, 수사를 포함한 명사류를 말하고, 용언은 활용을 하는 동사, 형용사, 형용동사를 합쳐서 이를 때 사용하는 용어이다.

경어는 일반적으로 체언보다는 용언이 복잡한 체계를 갖고 있다. 존경어의 경우도 마찬가지이기 때문에 용언의 존경어부터 구체적으로 살펴보도록 한다.

(1) a) お客様がいらっしゃるまでにテーブルを整えておいてください。
(손님이 오실 때까지 테이블을 정리해 두세요)

b) 局長は連休の間も休まず交渉会議に参加されるそうです。
(국장님은 연휴 동안에도 쉬지 않고 교섭회의에 참가하신다고 합니다)

(1a)의 「いらっしゃる(오시다)」는 「お客様(손님)」를 높이기 위해 사용된 용어이고, (1b)의 「参加される(참가하시다)」는 「局長(국장님)」를 높이기 위해 사용된 용어이다. 여기에서 「お客様」「局長」는 「いらっしゃる」「参加される」에 의해 대우받고 있는 화제(話題)의 인물이다.

이와 같이 각각의 동사에 호응하는 주어를 높게 대우하여 그 인물에게 경의를 표하는 것이 존경어이다. 화제의 인물은 소재(素材)의 인물이라고도 하며, 따라서 존경어는 소재경어(素材敬語)가 되는 것이다. 화제의 인물과 청자가 동일인물인 경우도 있는데, 이 경우에도 구조적으로 화제의 인물에 대한 경어로 간주한다.

소재경어는 구조적으로 화제의 인물에 대한 경어이므로 청자에 대한 경의(敬意)보다는 화제의 인물에 대한 경의가 우선된다. 물론 실질적으로는 화제의 인물과 청자가 동일인물일 때에 출현빈도가 가장 높게 나타난다. 따라서 이때는 의미적으로 청자에 대한 경의가 깊숙이 관여하고 있다고 봐야 한다. 아래의 경우, 듣는 사람이「部長(부장님)」「先生(선생님)」이기 때문에 문말의 공손어뿐만 아니라 존경어가 나타날 가능성도 훨씬 높아지는 것이다.

(2) a) 昨日の会議では部長も賛成だとおっしゃったじゃありませんか。
(어제의 회의에서는 부장님도 찬성이라고 말씀하시지 않으셨습니까?)

b) 先生, 原稿はもうお書きになりましたでしょうか。
(선생님, 원고는 다 쓰셨습니까?)

경어는 특정형과 일반형으로 나눌 수 있다. 특정형은 특정한 단어를 말하는 것이며 일반형은 경어를 만드는 성분을 가지고 여러 단어에 적용하는 것을 말한다. 위의「おっしゃる(말씀하시다)」와 같은 것은 특정형으로서의 존경어이며,「お書きになる(쓰시다)」는「お~になる」라는 존경어를 만드는 성분 즉 존경성분을 사용하여 산출된 일반형으로서의 존경어이다.

1.1 특정형의 존경동사

특정형을 가진 존경어는 특히 동사에 발달되어 있다. 특정형을 가진 존경어의 동사를「존경동사(尊敬動詞)」라고 한다. 현대일본어에서 사용되는 대표적인 존경동사와 용례를 살펴보도록 하자. 용례 중에는 주어가 생략되어 있는 경우도 있는데, 이때에도 존경동사에 의한 배려의 대상은 생략되어 있는 주어이다.

용례는 주로 공개 검색프로그램인「少納言」을 이용하여 경어학습과 일본어학습에 적합한 예를 찾았다. 이 책을 읽는 독자는 상당한 수준의 일본어 실력을 갖추고 있을 것이기 때문에 일일이 번역을 첨가하지는 않는다. 예문에도 수준 높은 단어가 섞여 있으니 분발하기 바란다. 예문이 어렵거나 경어의 개념만 학습할 독자라면 설명문만 이해하고 지나가도 상관없다.

【いらっしゃる】: 계시다, 가시다, 오시다

「いらっしゃる」는「いる, 行く, 来る」의 존경어로 사용되며, 그 중에서도「いる」의 존경어로 가장 많이 쓰인다. 본동사로서 뿐만 아니라 보조동사로도 빈번히 사용된다.「いらっしゃる」의 변형으로「いらす」가 사용되는 경우도 있는데 경의도가 약간 약화되므로 기본적으로「いらっしゃる」를 사용하도록 하는 것이 좋다.

본동사와 보조동사로서의 용법을 같이 제시한다. 보조동사「~ていらっしゃる」는「~ている」「~ていく」「~てくる」의 존경어를 만든다. 보조동사는 엄격히 말하면 특정형이 아니라 두루두루 쓰이는

일반형으로서의 존경성분이지만 이해의 편의를 위해 묶어서 제시하도록 한다.

☞ 「いる」의 존경어

- 休憩室にはお客様がいらっしゃいます。
- 上野駅でお降りの方はいらっしゃいませんか。
- 詳しくご存知の方, いらっしゃいましたら教えて下さい。

☞ 「~ている」의 존경어

- 一つ一つ几帳面な手作業をしていらっしゃいます。
- 社長は世界の珍しい切手をたくさん持っていらっしゃいます。
- これからの日韓関係はどうあるべきだと考えていらっしゃいますか。

☞ 「行く」의 존경어

- よろしければジムかプールにいらっしゃいますか。
- もし社長がいらっしゃるのなら, 私も行かせていただきます。

☞ 「~ていく」의 존경어

- 傘を持っていらっしゃった方がよさそうですね。
- 先生は今回の国際フォーラムに学生も連れていらっしゃるそうです。

☞ 「来る」의 존경어

- 先生がこちらにいらっしゃったのはもう数年も前のことです。
- 会長がいらっしゃいましたので, 開会式を始めさせていただきます。

☞ 「~てくる」의 존경어

· 先生が直接蜜柑と林檎を持っていらっしゃいました。
· 部長は昨日研修会に行っていらっしゃいました。

「来る」 또는「~てくる」의 존경어로 사용되는「いらっしゃる」는 명령형「いらっしゃい」의 형태로 사용되는 경우가 있다. 그러나 이 때,「行っていらっしゃい(다녀오세요)」와 같이 인사말로 사용할 때는 윗사람에게도 사용할 수 있으나, 인사말 이외에는 윗사람에게는 사용하지 않는 것이 좋다. 이것은「遊びにいらっしゃい(놀러 와요)」와 같이 가벼운 경의가 느껴지기는 하지만 주로 동년배나 손아래사람에게 친근감을 가지고 표현하는 것이기 때문이다. 윗사람에게는「ませ」까지 붙여서「いらっしゃいませ。お待ちしておりました」와 같이 표현하는 것이 좋다. 인사말도「行っていらっしゃいませ」를 사용하는 경우가 적지 않다.

「いらっしゃる」가 보조동사로 사용될 때는「~ていらっしゃる」뿐만 아니라「~でいらっしゃる」의 형태로도 구현된다. 이것은「~である」의 존경형이다. 따라서 명사나 형용동사의 존경표현을 만들 때 사용한다.

☞ 「~である」의 존경어

· サキソフォンの大変な名手でいらっしゃると伺いました。
· さすがは, 酒井さま, 博識でいらっしゃいますね。
· 監督はお変わりなく, すこぶる健康でいらっしゃいます。
· 着物を召したあの方はおきれいでいらっしゃいますね。
· ご家族の皆様はお元気でいらっしゃいますでしょうか。

【お出でになる（おいでになる）】: 계시다, 가시다, 오시다

「いる, 行く, 来る」의 존경어로 쓰이는 존경동사 중에 「お出でになる」가 있다. 형태적으로 보면 「お~になる」가 적용된 형태이지만 현대어에서는 「いでる」가 단독으로 사용되지 않기 때문에 존경동사로 간주한다. 종종 「お出で」만으로 명사나 친근한 명령형으로 사용되는 경우도 있다. 보조동사로서의 용례는 흔치 않으나 아래와 같이 「ている」의 존경어로 사용되는 수가 있다.

☞ 「いる」 「~ている」 의 존경어

· 時には台所も別にしたいという方もおいでになるわけです。
· 外務大臣が訪米されましたときに個々の案件についての交渉はしておいでになりません。

☞ 「行く」 의 존경어

· またどこかへお出でになるんですか。
· 福州においでになった折りにぜひ足を伸ばしてごらんになって下さい。

☞ 「来る」 의 존경어

· この委員会に当初からおいでになっている先生方もいらっしゃいます。
· せんだってブラジル大統領がお出でになりましたときにご協力の要請がございました。
· 皆様のお出でを心からお待ちいたしております。

【お越しになる（おこしになる）】: 가시다, 오시다

「行く, 来る」에 대한 존경어이다.「お越し」가 단독으로 사용되는 경우도 있다.

· 子供たちが皆様のお越しになるのを楽しみにしております。
· 会長が直々そちらへお越しになるとのことです。
· どちらへお越しですか。
· お時間がありましたら, いつでもお越しください。
· またのお越しをお待ちいたしております。

【見える（みえる）, お見えになる（おみえになる）】: 오시다

이들은「来る」의 존경어로 사용된다.「見える」가 존경어로 사용되다가 일종의 이중경어로「お見えになる」가 일반화되기 시작하였다. 여기까지는 관용적으로 통하고 있고,「경어의 지침」에서도「お見えになる」는 허용하고 있으나 요즈음에는「お見えになられる」와 같이 삼중경어로 사용하는 경우도 많다. 일반적으로「お見えになる」는 존경어로 인정되지만「お見えになられる」는 과잉경어의 일종이다.

· 先ほどお電話がありましたから, 間もなく見えるでしょう。
· 総理大臣がお見えになりました。

【なさる】: 하시다

「する」의 존경어로 사용된다. 명령형「なさい」는 사용에 주의를

요한다. 인사말로 패턴화되어 있는「おやすみなさい」「ごめんなさい」는 상위자에게도 사용할 수 있다. 그러나 일반적으로「なさい」는 하위자를 대우하는 형태로 사용되기 때문에 상위자에게는 사용할 수 없다. 그때에도「なさい」를 단독으로「早くなさい」와 같이 사용할 수는 있지만, 많은 경우「しなさい」를 사용하여「早くしなさい」「勉強しなさい」와 같이 사용한다.「書きなさい」「食べなさい」와 같이 연용형에 접속한다.

· 詳しいことは当社のサイトを参考になさってください。
· お忘れ物をなさいませんようお気をつけください。

【おっしゃる】: 말씀하시다

「言う」의 존경어이다.

· おっしゃるとおりで, 一番若いときの小説です。
· 検討委員会の方々が随分前からおっしゃっていたそうです。
· そうおっしゃるのも無理はありませんよ。

【くださる】: 주시다

「くれる」의 존경어이다. 보조동사「~てくれる」의 존경어는「~てくださる」이다. 명령형「ください」가 단독으로 쓰일 때에는 존경어라기보다는 공손한 형태의 문체로 보는 것이 합당하다.

· 真心を込めておもてなしをしたら,倍ほども心づけをくださった。
· ご親切にしてくださるお気持ちはよくわかります。
· ご質問, ご意見などがございましたら, どうぞおっしゃってください。

【ご覧になる (ごらんになる) 】: 보시다

「見る」에 대한 존경어이다.「ご覧になる」는 존경성분인「ご~になる」의 첨가에 의해 구성되어 있지만, 이미 한 단어화 되어 있기 때문에 존경동사로 분류한다.「ご覧のとおり (보시는 바와 같이)」처럼「ご覧」이 단독으로 쓰이는 경우도 있으며, 보조동사「~てみる」의 존경어로「~てごらんになる」가 사용되는 경우도 있다.

· テレビをご覧になって, 最近, 何か気になるという人, いますか。
· 詳しくは世田谷区のホームページをご覧ください。
· 成果はご覧のとおり, 順調に進んでいます。
· 番組をリアルタイムでご覧になった方もいらっしゃると思います。
· 適度に演目を調べてごらんになるのがいいと思いますよ。

【あがる, 召し上がる (めしあがる) 】: 드시다, 잡수시다

「食べる」「飲む」의 존경어로 사용된다.「あがる」는「吸う」의 존경어로도 사용되어「たばこをあがる(담배를 피우시다)」와 같이 사용되는 경우도 있으나 일반적이지는 않다.「あがる」는 겸양어로도 사용되니 주의를 요한다.

「召し上がる」는 그 자체가 존경어인데 근래에는 이중경어「お召し上がりになる」가 상업경어를 중심으로 널리 쓰이고 있다. 그러나 권장할만한 것은 아니다.

이중경어란 하나의 단어에 같은 종류의 경어를 이중으로 사용하는 것을 말한다. 즉,「召し上がる」가 이미 존경어인데 거기에 존경성분「お~になる」가 이중으로 사용된 것이다.「경어의 지침」(2007:30)에서는「이중경어는 일반적으로 적절하지 않은 표현이다. 단, 단어에 따라서는 습관적으로 정착된 것도 있다」라고 되어 있고, 한 예로「お召し上がりになる」를 들고 있다. 관용적으로 사용되고 있다는 뜻이다.「あがる」도「おあがりになる」로 사용되는 경우가 있다.

· 大したものはありませんが, お好きなだけおあがりください。
· だいぶお酒をあがるようですが, お強いんでしょうね。
· 多くの方に召し上がっていただきたいと思える味ですね。
· 私たちを待っている間にお酒を召し上がっていたらしいです。

1.2 일반형의 존경성분

일반형이란 특정한 단어가 단독으로 쓰이는 것이 아니라 널리 여러 종류의 단어에 적용할 수 있는 일반적인 어형을 말한다. 그 중에서 존경어로 사용되는 일반형이 존경성분(尊敬成分)이다. 일본어의 동사에 첨가되는 존경성분으로는 형식동사와 보조동사가 있는데, 보조동사는 이해의 편의를 위해 특정형에서 같이 살펴보았으므로 여기에서는 형식동사만 살펴보기로 한다.

【れる·られる】

「れる · られる」는 동사에 사용되는 존경성분 중에서 가장 많이 이용되는 조동사이다.「れる」는 1류동사와「する」에 접속되고「られる」는 2류동사와「くる」에 접속된다. 의미는 같다.

「れる · られる」는 인간을 주어로 하는 대부분의 동사에 첨가하여 존경어를 만들 수 있다. 그러나 부정적인 의미의 단어나 품위가 없는 단어의 경우와 같이 만들 수는 있지만 실질적으로는 사용할 수 없는 것이 있기는 하다. 예를 들어 「食う」를 「食われる」로 사용하면 수동태는 바로 연상이 되지만 존경어로는 사용하지 않는다는 것이다.

· 代表はもうじき戻られると思うんですが。
· 汗をポロポロ出しながら歌を歌われているのをご覧になれるでしょう。
· 一度お店で相談されてみてはいかがでしょうか。
· このときもアメリカ側は同様の趣旨のことを述べられているわけです。
· 総理は朝五時に起きられました。
· デザインの相談に来られた方が, 待っていらっしゃいます。

【お·ご~になる】

「れる · られる」와 더불어 일상생활에서 빈번히 사용되고 있는 존경성분에 「お · ご~になる」가 있다. 이것도 형식적으로는 동사의 연용형이나 「する動詞」의 어간상당부분에 자유롭게 적용하여 만들 수는 있으나 실질적으로는 사용되지 않는 구문도 존재한다. 예를 들면 같은 「する動詞」라고 하더라도 「ご使用になる」는 가능하지만 「ご運転になる」는 불가하다는 등의 제약이 있다. 「れる · られる」의 경우는 「使用される」 「運転される」가 존경형으로 사용될 수 있는 것과 대비된다.

· 先生のお書きになったお手紙を, 英語に訳すわけですね。

- 当サイトに詳しく書いてありますので, 一度お読みになってください。
- この商品を現在ご使用になっている方のご意見を総合してみました。
- そこまでご案じになることはないと存じます。
- 朝6時ごろ, ご出発になったとうかがっております。

경의를 더욱 높이고자 하는 의도에서「お · ご~になる」에「れる」를 덧붙여서「お · ご~になられる」로 사용하는 경우가 있다. 이는 기본적으로 이중경어이기 때문에 문법적인 오류이다. 따라서 사용하지 않는 것이 좋다. 그러나 현실적으로는 사용빈도가 꽤나 높은 편이다. 아래는 드라마「半沢直樹」(2013)에 나오는 예이다.

- あの東田社長にお会いになられたんですか？
- 失礼いたします。お連れ様がお見えになられました。

일본 문화청(文化庁, 1988)의 여론조사를 보면 이중경어인「鈴木さんはおいでになられますか」에 대하여「気になる」가 26.2%인데 비하여「気にならない」는 69.9%였다. 구문적으로는 명백한 오용인 이 표현에 대하여 대부분의 일본어화자가 신경 쓰고 있지 않다는 뜻이 된다.

전술한 과잉경어「お見えになられる」도 이와 같은 과정을 거친 것이다. 참고로 문화청(1995)의 조사에서는「どうぞおめしあがりください」에 대하여 85.4%가「気にならない」라고 대답하고 있다. 특정형「めしあがる」와 일반형「お~ください」가 같이 쓰인 구문인데, 위화감이 거의 없는 표현이다.

【お·ご～なさる】

「お · ご~なさる」는「お · ご ~になる」보다 한 단계 높은 존경어를 만들기 위한 구문이다. 그러나 현대어에서는 별로 많이 쓰이지는 않는다.

· 代表取締役は幼なじみの方とご結婚なさいました。
· 「ご苦労なさったのですね」美也子のひと言に, 女主人は, ふと目頭に手をやる。

「お · ご ~ なさる」보다 한 단계 더 높은 표현에「お · ご~あそばす」가 있다. 주로 여성어로 쓰였는데 현대어에서는 거의 쓰이지 않는다. 쓰이는 경우에는 공손한 명령형「あそばせ」의 형태로 주로 사용하기 때문에「あそばせ言葉」라고도 한다.「おいであぞばせ」「ごめんあそばせ」「お話しあぞばせ」「お上がりあそばせ」 등의 용례가 있다. 요즘에는「オネエ言葉」로 사용되는 경우를 종종 볼 수 있다.「オネエ言葉(オネエことば)」란, 일본의 여성화된 남성이 주로 사용하는, 과장되게 여싱적임을 강조하는 표현을 말한다.

【お·ご～だ, お·ご～です】

「お · ご~だ」는 문중에 쓰이거나 문말에서 청자가 경어로 대우하지 않아도 되는 대상일 경우, 즉 보통체의 문장에 사용하고,「お · ご~です」는 청자를 경어로 대우해야 되는 경우, 즉 경체(敬体)의 문장에 사용한다. 따라서「お · ご ~です」는 대자경어로서의 기능을 동시에 갖는다.

· もう十分ご承知だと思いますが, 資金も人材も足りません。
· 浅草の花やしきという遊園地をご存知だろうか。
· ご家族の皆様もさぞお喜びでしょうねえ。

【お·ご～くださる】

보조동사「~てくださる」보다 한 단계 높은 형식동사로「お · ご~くださる」가 쓰인다. 문말에 쓰이는「てください」가 단순한 공손체의 역할을 하는 것에 불과한 점에 비하여「お · ご ~くださる」는 문말에서 명령형「お · ご~ください」로 사용되더라도 확실한 존경표현으로 기능한다.

· この申込用紙にお名前とご住所をお書きください。
· 足元にお気をつけください。
· 先生がご理解くださったおかげで早めに完成できました。

1.3 형용사의 존경성분

형용사도 존경표현을 만들 수 있다. 접두사「お」와「ご」가 형용사(イ形容詞) · 형용동사(ナ形容詞)에 첨가되는 기본적인 존경성분이다.

「い형용사」의 존경표현은 접두사「お」를 첨가해서 만든다.「い형용사」의 존경성분으로「ご」보다「お」가 주로 사용되는 것은「い형

용사」의 대부분이 고유어이기 때문이다.

『1万語語彙分類集(1만단어어휘분류집)』의 표제어에는 「い形容詞」가 총 248단어 실려 있다. 이중에서 가장 기초적인 「레벨C」의 102단어가 모두 고유어이고, 고급인 「레벨A」의 58단어와 중급인 「레벨B」의 88단어도 이하의 예외를 제외하면 모두 고유어이다.

「い형용사」의 예외에 해당하는 한자어의 성분이 포함된 예로는 복합어가 얼마간 보일 뿐인데, 「気難しい(까다롭다), 用心深い(주의 깊다), 欲深い(욕심이 많다), 注意深い(주의 깊다), 面倒臭い(성가시다)」가 전부이다. 「鬱陶しい(번거롭다), 香ばしい(구수하다), 切ない(안타깝다), 可愛らしい(사랑스럽다), 図々しい(뻔뻔스럽다), 騒々しい(떠들썩하다), 勿体ない(아깝다), 可愛い(귀엽다)」의 경우, 이들이 어원적으로는 한자어와 관련이 있기는 하지만 고유어로 보는 것이 타당할 것이다.

모든 「い형용사」에 「お」가 첨가되는 것은 아니다. 첨가할 수 있는 것과 없는 것이 있다. 첨가가 가능할 경우에는 「ご」가 아니라 「お」가 첨가된다는 것이다. 위의 분류집에 실린 모든 「い형용사」의 표제어에 대하여 필자의 내성과 원어민에 대한 조사결과를 종합하면 존경접두사를 첨가할 수 있는 가능성이 의외로 낮다는 것을 알 수 있다.

종합적으로 248단어 중에서 존경접두사 「お」를 첨가할 수 있다는 결과가 나온 것은 이하의 60단어로 전체의 24%이다. 이것은 어디까지나 화자의 언어습관에 의한 자의적인 것이기 때문에 반드시 모두의 의견과 일치하지는 않을 수도 있음을 전제로 한다.

【「お」를 첨가할 수 있는 「い형용사」】

赤い, 明るい, 暑い, 忙しい, 美しい, 偉い, かたい, 悲しい, かゆい, 可愛い, きつい[サイズの場合], 厳しい, 苦しい, 詳しい, 寂しい, 寒い, 親しい, 白い, 狭い, 高い, 楽しい, 小さい, 近い, 強い, 長い, 眠い, 激しい, 早い, 速い, 低い, 広い, 深い, 古い, 難しい, 珍しい, 優しい, 安い, 宜しい, 弱い, 若い, 悪い, からい [「厳格」の意], 可愛らしい, 悔しい, 心強い, 心細い, 頼もしい, 力強い, つらい, 懐かしい, ふさわしい, 待ち遠しい, 目出度い, やかましい, 若々しい, 勇ましい, 痛ましい, 情け深い, 久しい, 見苦しい

일반적으로 기본적인 단어일수록 「お」를 첨가할 수 있는 비율이 높다. 이것은 얼마만큼 일상적인 용어인가와 깊이 관련되어 있다. 또한 음절수가 적을수록 첨가하기가 쉽다는 것도 알 수 있다. 『千羽鶴』에 다음과 같은 용례가 있다.

· <u>おさびしい</u>でしょうから, そろそろお茶の方を。
· <u>およろしかっ</u>たら, どうぞ。母もよろこびますわ。
· あの, 母のことにおかまいなく, <u>お早く</u>御結婚なさって。
· 菊治さんのように<u>お若い</u>方に, あの奥さんは分かりっこないんですよ。
· お母さまも, <u>おやさしい</u>かたで・・・。

외래어에 의한 「い형용사」에는 보통 「お」를 첨가하지 않는다. 예를 들면 신조어 형식인 「신종イ형용사」로 사용되는 「エゴい, エロい, テクい, ピンクい, ラブい」 등에는 접두사를 덧붙이지 않는다. 이들은 주로 젊은이들 사이에서 사용되는 용어이기 때문에 존경접두사를 붙이는데 어울리지 않다고 볼 수도 있다. 요즘에는 잘 사용되지 않는「ナウい」에는「お」를 붙일 수 없지만「ニュー(new)」는 지금도 사용되고 있고「お」를 붙여서「おニューのスーツ」와 같이 사용되는 경우도 있다.

「い형용사」에 보조동사를 첨가하는 표현은 일반적이지 않지만「ていらっしゃる」를 첨가하여「美しくていらっしゃる」와 같은 존경표현을 만드는 경우는 있다.『新源氏物語』에 다음과 같은 예가 있는데「お」와 더불어 사용되는 경향이 있다.

· いまでもお変りなくお若くていらっしゃいますわ。
· ご器量がお悪くていらっしゃるのだろうか。

「い형용사」는 고유어가 대부분인데 비하여「な형용사(형용동사)」는 한자어가 더 많다. 위의 분류집에는「な형용사」가 총 701단어 실려 있는데, 이 중 고유어가 168단어이고 한자어가 492단어로 한자어가 70%를 차지하고 있음을 알 수 있다. 그 외에는 한자어와 고유어에 의한 합성어이거나 외래어이다.

「い형용사」와 마찬가지로「な形容詞」의 경우도 전체의 용어에서 존경접두사를 첨가할 수 있는 용어의 비율은 매우 낮다. 조사의 결과를 보도록 하자. 전체의 701단어 중에서「お」를 첨가하는 것이 42단어,「ご」를 첨가하는 것이 103단어이다.「お」「ご」를 합하여 145단어로 21%의 첨가율이다. 이 같은 수치는 첨가가 가능하다는 의견을 더한 것이기 때문에 개개인의 사용률은 더욱 낮아진다.「い形容詞」의 경우와 마찬가지로 기본적인 어휘일수록 첨가가 용이하다는 점이 흥미로운 현상이다. 이것은 일상생활에서 얼마만큼 기초적으

로 사용되느냐 하는 점과 더불어 어려운 용어일수록 음절수가 늘어나기 때문에 첨가하기가 어렵다는 것도 작용하고 있다고 판단된다.

【「お」를 첨가하는 「な형용사」】

고유어 : いや, かわいそう, きらい, しあわせ, しずか, すき, にぎやか, ひさしぶり, まじめ
한자어 : 奇麗, 元気, 邪魔, 上手, 大事, 得意

【「ご」를 첨가하는 「な형용사」】

安心, 安全, 健康, 自由, 正直, 丈夫, 親切, 心配, 正確, 大切, 丁寧, 反対, 必要, 不便, 便利, 無理, 迷惑, 有名, 立派, 確実, 勝手, 活発, 窮屈, 勤勉, 健全, 幸運, 好調, 幸福, さかん, 柔軟, 十分, 詳細, 慎重, 清潔, 誠実, 率直, 退屈, 大層, 大胆, 多忙, 適切, 熱心, 年長, 平等, 敏感, 不安, 無事, 不平, 不満, 不明, 不要, 豊富, 満足, 無用, 明確, 面倒, もっとも, 有益, 勇敢, 有効, 有能, 有望, 有利, 愉快, 容易, 冷静

위와 같이「な형용사」의 존경표현에도 기본적으로 접두사가 사용된다. 그런데「な형용사」는 고유어에 의한 것인지 한자어에 의한 것인지를 구분하여야 한다.「すこやかだ(健やかだ)」와 같은 고유어의「な형용사」에는「お」가 붙기 쉽고,「多忙だ」와 같은 한자어의「な형용사」에는「ご」가 붙기 쉽기 때문이다. 단,「もっともだ」는 고유어이지만「ご」가 붙는다.

(3) a) 希望に満ちた新しい年の始まりを<u>お健やかに</u>お迎えください。

(희망에 가득 찬 새로운 해의 시작을 건강하게 맞이하시기 바랍니다)

b) <u>ご多忙な</u>先生が, 私のためにわざわざ会場まで来てくださって, 本当に感謝しております。

(다망하신 선생님께서 저를 위하여 일부러 회장까지 와 주셔서 정말로 감사하고 있습니다)

c) おっしゃることは<u>ごもっとも</u>でございますので, 前向きの姿勢で研究し, 善処したいと考えております。

(말씀하신 것은 지당하시기 때문에 적극적인 자세로 연구하여 선처하고자 생각하고 있습니다)

한자어로 된「な형용사」의 경우에「ご」가 붙기 쉬운 것은 일반적인 성질이다. 그런데, 한자(漢字) 한글자로 된「な형용사」에는 존경접두사를 첨가할 수 없는 경우가 많다. 예를 들면「雑だ(조잡하다), 妙だ(묘하다), 逆だ(반대이다), 損だ(손해이다), 急だ(급하다), 別だ(다르다), 変だ(이상하다)」 등에는「お」도「ご」도 첨가할 수가 없다.

단,「得だ(유리하다), 楽だ(편안하다)」는 예외적으로「お」를 첨가할 수 있다.「得だ」는 실제적으로 존경어라기보다는 공손어나 미화어에 가깝다고 할 수 있다.

(4) a) 前菜・メイン・チーズ&パンも付いて, なかなか<u>お得な</u>試飲会です！

(전채, 메인, 치즈와 빵도 곁들인 꽤나 얻을 것이 많은 시식회입니다)

b) どうぞ<u>お楽に</u>してください。仕事はぼくらがやりますから。

(부디 편안하게 계십시오. 일은 저희들이 할 테니까요)

한자 두 글자로 된「な형용사」에는 보통「ご」가 첨가된다. 단,「お」가 첨가되는 경우도 얼마간 있다. 예를 들면「上品だ, 元気だ, 達者だ, 綺麗だ, 利口だ」와 같은「な형용사」에는「お上品だ, お元気だ, お達者だ, お綺麗だ, お利口だ」와 같이「お」가 사용되어 존경어로서의 기능을 수행한다.「お上品だ」는 미화어로 더 많이 쓰이고,「お利口だ」는 비아냥의 기능이 포함된다.

(5) a) あの方はとてもお上品に見えるのですが, お酒が回ると品格が変わるようです。

(저 분은 아주 품위 있게 보입니다만, 술기가 돌면 품격이 바뀌는 것 같습니다)

b) 相変わらずお元気そうでなによりでございます。

(변함없이 건강해 보이셔서 참 다행입니다)

c) ごぶさたいたしておりますが, お達者でしょうね。

(격조하였습니다만, 건강하게 지내시겠지요?)

d) 本当に, これほどお綺麗な方を拝見したことはございません。

(정말로 이 만큼 아름다우신 분을 뵌 적이 없습니다)

「下品だ, 下劣だ, 節介だ」에도「お」를 첨가할 수 있지만, 이들은 존경어로서보다도 야유를 표현하기 위한 기능이 우선적이다.「節介だ」는「お」를 첨가하여 거의 한단어의 형태로 사용되는 것이 보통이다. 부사형으로만 사용되는「お大事に」도 형태로서는 한자어에「お」가 붙은 것이다.「粗末だ」에도「お」가 첨가되는데,「お粗末だ」는 겸양어로 기능한다.

「な형용사」에 보조동사「でいらっしゃる」를 첨가하여 만드는 존경표현은 고유어, 한글자로 된 한자어, 두 글자로 된 한자어 등을 불문하고 일반적으로 사용된다.

(6) a) お嬢様は本当に淑やかでいらっしゃいますね。
(따님은 정말로 얌전하시군요)

b) ずいぶん急でいらっしゃいますね。
(꽤나 급하시군요)

c) 坊ちゃまは肌が綺麗でいらっしゃるからそう塗る必要はないんです。
(도련님은 피부가 깨끗하시니까 그렇게 칠할 필요는 없어요)

이와 같이 일본어는 용언에 첨가되는 존경성분이 다양하다. 그뿐만 아니라, 용언의 종류에 따라 사용되는 존경성분이 각각 따로 준비되어 있다.

2. 체언의 존경어

2.1 특정형의 존경체언

특정형을 가진 일본어의 체언을 현대어에서 찾아보기는 쉽지 않다.「あなた」를 대표적인 존경체언으로 들 수 있지만, 실질적으로 존경의 개념에서 평가절하(平価切り下げ) 현상이 발생하였고, 경우에 따라서는 오히려 마이너스적인 표현으로 사용되기도 하기 때문이다.「そなた」「どなた」도 존경체언으로서의 대명사인데, 특히「どなた」가 이중에서는 가장 확실한 존경어이다.

이와 같이 보통어에 대한 특정형으로서의 존경체언이 있는 경우도 있지만, 체언 자체가「先生」「社長」처럼 사회통념상 존경어로 볼 수 있는 경우도 있다. 또한, 특정형이라고 할 수 있는「お父さん, お母さん」과 같은 경우도 접사가 사용되어 있기 때문에 체언의 경우는 일반적으로 존경성분인 접사를 사용하여 존경어형을 만들고 있다고 할 수 있다.

한 가지 주의할 점은 자경표현(自敬表現)으로서의 일인칭대명사가 있다는 것이다. 자경표현이란 화자자신을 말할 때는 일반적으로 겸손한 표현을 하여야 하는데도 자기 자신을 높여서 칭하는 것이다. 물론 잘못된 표현이다. 일본어에서는 이와 같은 용어를「尊大語(そんだいご)」라고 하는 경우가 많다. 한국어의「존대어(尊待語)」와 한국어 발음이 같으니 주의할 필요가 있다. 그래서 필자는 스스로를 높이는 표현이라는 의미로 자경표현이라고 하고 있다. 자경표현의 명사에는「我が輩(わがはい)」「俺(おれ)」「朕(ちん)」등이 있다. 이 중에서 일반적인 것은 남성이 자신을 가리키는 「俺(おれ)」이다. 이것은 일반화되어 있지만 원래는 자경표현이기 때문에 윗사람에게는 사용하지 않는 것이 좋은 것이다.

(1) a) 我が輩は猫である。
(나는 고양이로소이다)

b) 俺は俺だ, 何か文句あるか。
(나는 나다, 뭔가 불만 있냐?)

c) 朕は国家なり。
(짐은 국가이다)

2.2 일반형의 존경성분

2.2.1 존경접두사

특정형의 존경체언을 찾기는 쉽지 않지만 일반형으로 확대해서 보면 역시 일본어는 체언의 경우에도 존경어가 매우 다양하게 발달되어 있다는 것을 알 수 있다. 그 중에서도 특히 존경성분은 용언뿐만 아니라 체언에 있어서도 광범위하게 사용되고 있다.

접두사 「お」와 「ご」는 체언에 사용하는 가장 기본적인 존경성분이다. 「お」「ご」는 한자로 표기하면 「御」로서 같다. 단, 「お」는 히라가나로 쓰는 경우가 많고 「ご」는 히라가나 혹은 한자로 쓰는 경우가 많다.

「お」는 고유일본어에, 「ご」는 한자어에 쓰는 것이 일종의 원칙이라고 할 수 있다. 물론, 예외도 있다. 한자어이지만 「お」를 붙이는 경우도 있고 고유어이지만 「ご」가 붙는 경우도 있다. 「返事」의 경우는

「お返事」와 「ご返事」가 같이 쓰이고 있는데, 「ご返事」가 더욱 존경어적인 표현이다. 「お返事」와 「ご返事」는 겸양어로도 사용된다.

(2) a) どちらにしてもお振込みもまだですし，お返事を頂くまで出品者として出来る事はありません。
(어느 쪽이 되었건 불입도 아직이고, 회답을 받을 때까지 출품자로서 할 수 있는 일은 없습니다)

b) 「お気遣いなく使用していただいてけっこう」という趣旨の，温かいご返事を下さった。
(「신경 쓰지 말고 사용하셔도 됩니다」라는 취지의 따뜻한 대답을 주셨다)

이와 같이 접두사 「お · ご」는 형용사 · 형용동사의 존경성분으로서 뿐만 아니라, 명사의 존경성분으로서도 매우 생산적이다. 「お＋명사」와 「ご＋명사」의 의미적인 역할에 큰 차이는 없다.

존경접두사가 붙는 용어의 예를 살펴보도록 하자. 주로 고유어에 붙는 「お＋명사」의 예로 다음과 같은 용어를 들 수 있다.

【「お+명사」 의 예】

お味，お家，お命，お祈り，お顔，お体，お考え，お気持ち，お着物，お心，お酒，お知り合い，お姿，お勧め，お便り，お所，お名前，お庭，お飲み物，お箸，お肌，お花，お髭，お人柄，お二人，お店，お向かい，お宿，お忘れ物

(3) a) 毎日テレビでお顔を拝見しております。
(매일 텔레비전을 통해 존안을 뵙고 있습니다)

b) 読者の皆様から多くのお便りをいただきました。
(독자 여러분으로부터 많은 편지를 받았습니다)

c) いつお会いしても腰の低い, すばらしいお人柄の方である。
(언제 만나 뵈도 겸손한, 훌륭한 인품을 가지신 분이다)

「ご+명사」는 다음과 같이 주로 한자어에 붙고,「御」라는 한자로 표기하는 경우도 적지 않다.

【「ご+명사」의 예】

ご案内, ご意見, ご意志, ご援助, ご回答, ご感想, ご気分, ご参加, ご賛成, ご自愛, ご自身, ご自分, ご住所, ご職業, ご親切, ご心配, ご説明, ご専門, ご対面, ご訪問, ご本, ご飯, ご用心, ご立派, ご旅行, ご臨席

(4) a) 何か, ご存知の方ご回答お願いいたします。
(뭔가 아시는 분, 회답을 부탁드리겠습니다)

b) 皆さまも残暑厳しい折お身体ご自愛くださいませ。
(여러분도 늦더위가 혹독한 이때에 건강하시고 자애하시기 바랍니다)

c) 都会で生きる犬たちの肥満にご用心ください。
(도회지에서 사는 개들의 비만에 주의하시기 바랍니다)

그런데 한자어이더라도 다음과 같이 습관적으로「お」가 붙는 용어가 있다. 한자어에도「お」가 붙는 예외적인 용법이 상당히 있다는 것이다. 이와 같이 한자어라고 하더라도, 일상생활에서 매우 친근감이 있는 용어나 한자어라는 의식이 희박해져 있는 용어에는「お」를 첨가하는 경우가 많다.

【「お+한자어」의 예】

お愛想，お客，お写真，お電話，お時間，お食事，お世話，お宅，お茶，お当番，お帽子，お盆，お料理

(5) a) なお，料理の準備の都合上，お電話でのお申し込みをよろしくお願いいたします。
(또한, 요리를 준비하는 사정상, 전화를 이용한 신청을 잘 부탁드립니다)

b) お食事のあと，ちょっとでいいから，一緒に散歩してください。
(식사를 하신 후에, 조금이면 되니까 같이 산책해 주세요)

c) 「今日はお当番よろしくね」と指名され，誇らしげだった。
(「오늘은 당번 부탁해」라는 지명을 받고 자랑스러운 듯 했다)

「お」가 첨가되는 한자어와 「ご」가 첨가되는 한자어에서 굳이 특징을 찾아낸다면, 「ご」가 붙는 명사는 구상적(具象的)인 것 보다는 추상적(抽象的)인 사항을 나타내는 단어가 많고, 「お」가 붙는 명사는 비율적으로 구상적인 것이 많다는 것이다. 추상적인 것을 나타내는 한자어에 「ご」가 첨가되기 쉬운 것은, 원래 한자어에 행위나 추상적인 개념을 나타내는 단어가 많다는 것과 관계가 있을 것이다.

부사의 경우에도 존경접두사가 첨가되는 경우가 있다. 「ゆっくり, ゆるり」의 경우, 고유어에 의한 부사이지만 접두사 「ご」가 사용된다. 「もっとも(지당함, 당연함)」도 「ご」가 붙지만 이것은 품사적으로 형용동사이다.

(6) a) 七階までございますので，どうぞごゆっくりご覧になってください。
(7층까지 있으니까 여유있게 보시기 바랍니다)

b) 本日はごゆるりとおやすみなさいませ。
(오늘은 느긋하게 쉬시기 바랍니다)

일반적으로 외래어에는 접두사「お」「ご」를 붙이지 않는데, 붙이는 경우에는「おズボン, おソース, おビール」와 같이「お」가 사용된다. 존경어라고 하기 보다는 미화어로서의 기능이 우선한다.

(7) a) なんでまたそんなにおズボン下げちゃうの。
(왜 또 그렇게 바지를 내려버리는 거야?)

b) 最近は「おズボン」「おソース」という人も多くなりました。
(최근에는「おズボン」「おソース」라고 하는 사람도 많아졌습니다)

c) 仲良くなってしまえばしめたものです。おビールも頂きました。
(사이좋게 되어버리면 된 거예요. 맥주도 대접 받았습니다)

「お · ご」의 인칭암시적인 기능이 있다.「お · ご」가 상대방을 높이는 기능이 있기 때문에 2인칭을 직접 사용하지 않더라도 상대방의 소유물이나 행위 등을 나타낸다는 것을 금방 알 수 있는 기능이다. 즉「お名前 · ご住所」 등은 인칭대명사를 사용하지 않아도「이름 · 주소」등의 소유자를 높이게 된다.

(8) a) お名前(⇒あなたの名前)は何でしょうか。
(성함(⇒당신의 이름)이 무엇입니까)

b) ご住所(⇒あなたの住所)とお電話番号(⇒あなたの電話番号)をお書きください。
(주소(⇒당신의 주소)와 전화번호(⇒당신의 전화번호)를 써 주세요)

비생산적이기는 하지만「お・ご」와 근원을 같이 하는 존경접두사가 이밖에도 몇 가지 있다.「おん(御)・おみ(御御)・おおん・ぎょ・み」등이 그것이다. 이 중에서는「おん・おみ」를 숙지해 둘 필요가 있다.「御御御付け(おみおつけ)」는, 현재는 미화어화되어 있지만 원래는 존경어이다. 현대어에서는 주로「御神輿(おみこし), 御神酒(おみき), 御神籤(おみくじ)」로 표기하는「おみ」도 어원을 거슬러 올라가면「御御(おみ)」에서 비롯된 것이다.

【おん】 ：御中(おんちゅう), 御方(おんかた), 御曹子(おんぞうし), 御社(おんしゃ), 御行(おんこう), 御身(おんみ)
【おみ】 ：御御足(おみあし), 御御御付け(おみおつけ), 御御帯(おみおび)
【おおん】：御方(おおんかた), 御時(おおんとき), 御衣(おおんぞ)
【ぎょ】 ：御衣(ぎょい), 御意(ぎょい), 御慶(ぎょけい), 御服(ぎょふく)
【み】 ：御世(みよ), 御代(みよ)

이와 같은 접두사는 생산적이지 않다는 점에 있어서「お・ご」와는 선을 달리하고 있다. 또한 이들 접두사를 제거하면 일반적으로 단어가 성립하지 않는 경우가 많다는 점에서도「お・ご」와의 차이점이 있다.

이상에서 본 바와 같이「お」「ご」가 가장 기본적인 체언의 존경접두사이지만, 이 외에도 몇 가지가 더 있다. 대화체보다는 주로 문서나 연설문 등에서 사용되는「貴」「高」「尊」「芳」「令」 등이 그것이다. 이 중에서「貴」 이외의 것에는 그 앞에「ご」를 덧붙여서「ご高説」「ご尊顔」등으로 더 많이 쓰인다. 이는 이중경어(二重敬語)이기 때문에

사용하지 않는 것이 좋다는 지적도 있지만 실제로는 일반화되고 있는 실정이다. 이들에 접두사를 사용하지 않으면 오히려 뭔가 허전한 느낌이 드는 것도 사실이다.

(9) a) 初夏の候, 貴社ますますご清栄のこととお喜び申し上げます。
(초하지절, 귀사 더욱 더 번창하심을 기쁘게 생각합니다)

b) その辺からひとつ御高説をうかがいたいと思います。
(그 부분부터 한 마디 고견을 듣고 싶습니다)

c) 世界の著名な研究者の御尊顔を拝するだけでもとても大きな刺激をうけた。
(세계의 저명한 연구자의 존안을 뵌 것만으로도 엄청 큰 자극을 받았다)

d) 多額寄付者の御芳名をパネルに刻んで長く残すことを思いついたのであった。
(고액기부자의 성함을 패널에 새겨서 오랫동안 보존하는 것을 생각해낸 것이다)

e) ご令息のお話は, ぼんやりと私も記憶しています。
(아드님에 대한 얘기는 저도 희미하게 기억하고 있습니다)

2.2.2 존경접미사

체언에 존경의 의미를 더하는 접미사로는「さん」「様」「氏」「殿」등이 쓰인다. 이중에서 가장 일반적인 존경접미사는「さん」이다.「さん」은 상위자나 하위자를 불문하고 사용이 가능하다. 연령 차이가 많이 나는 경우에도 사용할 수 있다.

「さん」은 일반적으로 성에 사용하는 경우가 많지만, 이름에만 사

용할 수도 있고 성명에도 사용할 수 있다. 어린아이들의 경우는 친근감을 곁들여 동물에게도 붙이는 수가 있다.

(10) a) 島村さんは国内だけでなく, 海外の生産者も頻繁に訪ねていますね。
(시마무라씨는 국내뿐만 아니라, 해외의 생산자도 빈번하게 방문하고 있군요)

b) ああ, 葉子さんじゃないか。お帰りかい。(雪国)
(아, 요코씨 아닌가? 집에 가는 거야?)

c) いまなら, 田中裕子さんが結構人気がありますね。
(지금이라면 다나카 유코씨가 꽤 인기가 있지요)

d) 私はキリンさんが好きです。でも, ゾウさんがもっと好きです。(広告)
(나는 기린 아저씨를 좋아해요. 하지만, 코끼리 아저씨를 더 좋아해요)

「さん」에 대응하는 한국어는「씨(氏)」라고 할 수 있다. 그러나「씨(氏)」는「さん」만큼의 일반성은 없다. 왜냐하면 한국어의「씨(氏)」는「김씨, 이씨, 박씨」처럼 성에만 사용할 때는 상당한 거부감이 있으며 연령차가 많을 경우에는 사용할 때 주저하게 되기 때문이다.

일상생활에서 약간 격식 차린 장면에서는「様」도 생산적으로 사용된다. 일반적으로 자주 사용되는 존경접미사 중에서는 최상급의 경의를 나타낸다고 할 수 있다.「さん」도「様」에서 변화한 것이지만「さん」보다 한자어의 개념이 뚜렷한「様」쪽이 경의도가 높은 성분으로 사용되고 있는 것이다.

(11) a) 佐藤様のメルセデスE280セダン右ハンドルをお預かりいた

しました。

(사토씨의 오른쪽 핸들 메르세데스E280 세단을 맡았습니다)

b) 彼らは吉田と堤を"吉田様" "堤様"と呼称させられていた。

(그들은 요시다와 쓰쓰미를 "요시다님" "쓰쓰미님"으로 부르도록 강요받고 있었다)

c) すでに展示会初日のお客様が次々と到着している。

(벌써 전시회 첫날의 손님이 계속해서 도착하고 있다)

「様」에 해당하는 한국어는 「님」이라고 할 수 있다. 형식적이라는 점에서도 양자는 일치한다. 주의할 점은, 한국어에서는 한자어인 「씨(氏)」보다 고유어인 「님」 쪽이 경의도가 높다는 것이다. 이것은, 고유어보다 한자어 쪽에 높은 경의를 느끼는 일반적인 경향과는 반대인 독특한 현상이다.

「氏」와 「殿」는 상대적으로 활용도가 낮은 존경접미사이다. 「氏」는 신문지상에서 주로 사용되며, 「殿」는 관공서에서 보내는 문서에 사용된다.

(12) 傘をさして夫人や娘2人と専用機から降りたオバマ氏は, 自らが言う「歴史的な一歩」を, かつて激しく敵対した地にしるした。(朝日)

(우산을 쓴 부인이랑 딸 둘과 전용기에서 내린 오바마씨는, 스스로가 말한 「역사적인 한 발」을, 일찍이 격렬하게 적대하던 땅에 표시했다)

직위명에 존경접미사를 붙이는 방법에 있어서 일본어와 한국어의 용법의 차이가 가장 현저하게 나타난다. 일본어에서는 직위명이 그대로 경칭이 되기 때문에 「課長」「部長」「社長」등의 직위명에 「さ

ん」이나 「様」를 붙이지 않는 것이 바른 표현이다.

일본어에 비하여 한국어의 경우, 직위명만으로는 보통 경의를 나타낼 수 없다. 예를 들면, 「교수, 부장, 사장」 등은 어디까지나 직위명이고, 그 직위를 갖고 있는 상위자를 존경접미사 없이 부를 수는 없다. 단, 당사자가 면전에 없을 경우에는 그렇지 않을 수도 있다.

일본어에서도 요즘에는 여성들을 중심으로 직위명에 「さん」이나 「様」를 붙이는 경우도 더러 눈에 띄지만 원칙에는 맞지 않는 표현이다. 굳이 붙이는 경우, 일본어에서는 「さん」과 「様」를 모두 부가할 수가 있는데, 한국어에서는 직위명에는 「님」만이 사용되고, 「さん」에 해당하는 「씨」는 사용되지 않는다.

(13) a) <u>福祉課長さん</u>も, ご一緒でしたので, 回転寿司なら待つことないだろうということで行きました。
(복지과장님도 함께 계셨기 때문에 회전초밥이라면 기다릴 필요가 없다고 생각해서 갔습니다)

b) <u>駅長さん</u>, 私です。御機嫌よろしゅうございます。(雪国)
(역장님, 저예요. 잘 지내시나요?)

c) <u>社長様</u>のお言葉がそういう意味でないことは百も承知です。
(사장님의 말씀이 그런 뜻이 아니라는 것은 충분히 알고 있습니다)

존경접미사를 친족명칭에 붙일 때는 일본어와 한국어가 반대의 양상을 나타낸다. 「様 · 님」은 친족명칭에도 붙여서 「お兄様 · 형님」과 같은 경의가 높은 표현을 만들 수가 있는데, 한국어에서는 직위명의 경우와는 달리 친족명칭에 반드시 「님」을 붙여야 한다는 규범은 없다. 「님」을 붙이지 않는 것 보다는 붙이는 편이 경의도가 높아지는 것은 당연하지만, 존경접미사 없이 친족 명칭만으로도 충분히 사용이 가능하다.

이에 비하여 일본어에서는 직위명과는 달리, 친족명칭이 호칭으로 사용될 때에는 일반적으로 존경접사를 필요로 한다. 단, 일본어에서도 방언에서는 친족명칭을 사용할 때 존경접미사를 붙이지 않고「おとう(아빠)・おっかあ(엄마)」등과 같이 부르는 경우가 있다. 이 경우도 존경접두사「お」의 사용은 의무적이다.

(14) a) お父様には僕のほうから連絡を入れます。
(아버님께는 제 쪽에서 연락드리겠습니다)

b) 今日は, 子供の同級生のお母様と話をする機会があって成績の話題になりました。
(오늘은 아이 동급생의 어머님과 얘기할 기회가 있었는데 성적이 화제였습니다)

c)「まあほんとうにありがたいこと！」とおっかあが言った。
(「어머나 정말로 고맙구나！」라고 엄마가 말했다)

일본어와 한국어는 사회적 관계와 친족관계를 나타낼 때의 존경접미사 사용법에 있어서 좋은 대조를 보이고 있음을 알 수 있다. 일본어에서는 사회적 관계를 나타내는 직위명이 경칭으로 인식되어 존경접미사를 필요로 하지 않는다. 한편, 한국어에서는 그것이 일반적으로 경칭으로 기능하지 않기 때문에 존경접미사가 필요하다. 친족명칭에 관해서는, 일본어가 존경접미사를 필요로 하는데 비하여, 한국어는 그 사용을 필요조건으로 하지 않는다.

일본어와 한국어는 존경접미사의 종류에 관해서도 좋은 대조를 보이고 있다. 일본어에는「さん・様・氏・殿」외에도「上(うえ)・方(がた)・御中(おんちゅう)・各位(かくい)・御(ご)・貴(き)」와 같이 존경접미사가 풍부하게 갖추어져 있다.

(15) a) 先生方にも知恵を貸していただいて, 御指導をいただければ幸いでございます。
(선생님들께서도 지혜를 빌려주시고, 지도를 해주신다면 다행이겠습니다)

b) 例えば懸賞に応募するときでも,「○○製菓ラッキークイズ係御中」となります。
(예를 들면 현상에 응모할 때도「○○제과 럭키퀴즈 담당자 귀중」이 됩니다)

c)「各位」は「△△スポーツクラブ会員各位」というように, 主に公用文や商用文で用いられます。
(「各位」는「△△ 스포츠클럽 회원 각위」와 같은 식으로, 주로 공용문이나 상용문에서 사용됩니다)

d) そんなことはお構いなしの姉御です。
(그런 것은 개의치 않는 누님입니다)

e) 兄貴の気持ちになって考えてるんだから, そのつもりで聞いてくれよ。
(형님의 심정이 되어 생각하고 있으니까 그런 셈으로 듣도록 해라)

또한,「お～さん」(お医者さん) 이라든가「お～さま」(お客様)와 같이 접두사와 접미사를 병용하거나, 친애어로서「ちゃん · ちゃま · 君」등을 이용하는 경우도 있다.

이에 비하여 한국어의 존경접미사는 단순하다. 일본어와 같은 형태로 한국어에서 일반적으로 사용되는 것은「씨」와「각위」뿐이다. 단, 한국어의「씨」는 호칭표현으로 다용되는데, 일본어의「氏」는 대화체에서는 일반적으로 사용되지 않는다. 이것이 한국어의「씨」를 일본어의「さん」과 대응시킨 이유이다. 이 밖에「御中」에 해당하는「귀중」과 편지의 수신인에게 사용하는 일본어의「様」와 한국어의「貴下」가 대응관계를 갖는다.

3. 절대경어와 상대경어

일본어의 경어를 운용하는데 있어서 특징적인 면을 살펴보기로 하자. 일본어에 있어서 존경어에 의해 표현될 수 있는 대상은 기본적으로 화자보다 상위자이거나 심리적 거리가 있는 타인이다. 따라서 특정형이든 일반형이든 타인과 대화를 할 때, 화자나 화자측 인물 즉 경어적일인칭을 존경어로 대우할 수 없다.

경어적일인칭이란 일반문법에서의 인칭과는 달리 경어를 사용할 때에 나와 내 범주에 속하는 사람 즉 내부인(身内)을 말한다. 일본어에서는 다음의 (1a)나 (2a)와 같은 표현을 해서는 안 되며, (1b)나 (2b)와 같은 표현을 해야 되는 것이다. 문장 앞에 있는「*」는 그 문장이 적합하지 않다는 것을 나타내는 약속된 부호이다. 겸양어를 사용한 (1b)와 (2b)는 한국어에 겸양어가 발달되어 있지 않은 관계로 적절한 번역어가 없다. 타인에게 화자의 내부인을 높이지 않고 낮춘다는 내용을 이해하는 것이 좋다.

(1) a) *お父さんが先生によろしくとおっしゃいました。
(아버님이 선생님께 안부 전해드리라고 말씀하셨습니다)

b) 父が先生によろしくと申しておりました。
(아버지가 선생님께 안부 전해드리라고 하였습니다)

(2) a) *このネックレスはお母さんがくださったものです。
(이 목걸이는 어머님이 주신 것입니다)

b) このネックレスは母がくれたものです。
(이 목걸이는 어머니가 준 것입니다)

이와 같이 일본어는 화자를 낮추어야만 하는 것이 아니라, 청자가 화자측 인물이 아닐 경우에는 그 화자측 인물을 존경어로 대우해서는 안 된다. 일본어에서는 화자와 청자 및 화제의 인물 사이의 상대적인 관계가 모두 고려되지 않으면 안 되는 것이다.

이와 같은 용법은 가족관계에서만 나타나는 것이 아니다. 예를 들면 회사에서도 같은 회사 내에서는 존경어를 써야할 대상이더라도 다른 회사가 등장하게 되면 자기 회사 사장을 낮추어서 표현해야 되는 것이다.

(3) a) *鈴木社長はただいまいらっしゃいません。
(스즈키사장님은 지금 안 계십니다)

b) 社長の鈴木はただいま席をはずしております。
(사장을 맡고 있는 스즈키는 지금 자리에 없습니다)

이처럼 발화에 등장하는 삼자관계를 모두 고려하여 행해지는 경어법을 상대경어법(相対敬語法)이라고 한다. 한국어의 경어법과 결정적으로 다른 용법이므로 특별히 신경을 써야 한다.

한국어에서는 화자와 화제의 인물과의 절대적인 관계가 경어표현에 그대로 반영되고, 이때에 청자는 화제의 인물을 존경어로 대우할 때의 고려 대상에서 제외된다. 예를 들면 화자와 화자 아버지 간의 절대적인 관계가 타인에게도 그대로 적용되어 「저희 아버님이 안부 전해드리라고 말씀하셨습니다」와 같이 표현할 수 있는 것이다.

이것이 소위 한국어의 절대경어법(絶対敬語法)이다. 일본어와 한국어의 이와 같은 차이점이 일본어의 경어를 습득할 때에 가장 중시해야 할 항목이다. 한국어의 절대경어법은 화자와 청자 및 화자와 화제의 인물 간의 각각의 관계만을 고려하는 것이고, 일본어의 상대경어법은 화자와 청자 및 화자와 화제의 인물 간의 관계파악은 물론이거니와 청자와 화제의 인물 간의 관계도 고려하여 경어 선택을 해야 하는 것이다.

물론, 부분적으로는 일본어에도 절대경어법이 있고, 한국어에도 상대경어법이 있다. 일본의 황실경어는 지금도 절대경어법을 쓰고 있는 대표적인 예이다. 한국어에서는 압존법(圧尊法)이라는 것이 있어서 삼자 간의 관계가 고려되기도 한다. 이것은 일종의 상대경어법이다.

한일양언어의 존경성분 중에서 현저하게 차이가 나타나는 것에 한국어의 존경조사가 있다. 일본어와 한국어가 조사에 의해 문법관계를 나타내고, 그것이 교착어라는 유형을 대표하는 것은 공통된 사항이다. 그런 공통점이 있음에도 불구하고, 일본어에는 보이지 않는 보통조사와 존경조사의 구별이 한국어에는「께, 께서, 께서는」과 같이 존재한다고 하는 차이점을 찾아낼 수 있다. 일본어의 경어법은 체언 · 용언에만 나타나는데, 한국어의 경어법은 체언 · 용언과 더불어 조사에도 나타나는 현상을 볼 수 있는 것이다.

일본어나 한국어와 같은 교착어에서는 문법적 기능을 담당하는 조사 · 조동사의 존재가 매우 중요하다. 그중에서 한국어는 조사 쪽에 경어가 발달하였고, 일본어는 조동사 쪽에 경어가 발달하였다고 할 수 있다.

일본어에서는 조사의 보통형과 존경형의 대립이 없기 때문에 일반적으로 그에 의해 경의도에 차이를 나타낼 수 없다. 단, 존경주격조사「께서는」을「~におかれては」「~におかれましては」라고 표현하는 경우는 있다. 현대일본어에서는 일반적이지 않지만 현대일본어의

코퍼스인「少納言」으로 검색하면 다음과 같은 용례가 나온다.

(4) a) 大臣<u>におかれては</u>一日大変にお疲れさまでした。
(장관께서는 하루 매우 고생하셨습니다)

b) 家族の皆様<u>におかれましては</u>混乱されることがございませんよう, お願い申しあげます。
(가족 여러분들께서 혼란이 발생하지 않도록 부탁드립니다)

한국어의 조사는 존경형은 존재하지만, 겸양형은 존재하지 않는다. 한국어의 경어표현이 항상 상위자를 높이는 곳에 중점이 놓여 있고, 행위자를 낮추는 것에는 관심이 기울여져 있지 않은 것에 기인한 것으로 해석할 수 있다. 단, 존경여격조사「께」는 객체에 대하여 경의를 나타내는 형태이기 때문에「께」를 겸양여격조사라고 해석할 수도 있다.「께」가 호응하는 것이 존경어가 아니라 겸양어라는 점을 보더라도「께」는 겸양여격조사라고 칭하는 것이 바람직하다고 할 수 있다. 국립국어원의『표준국어대사전』에는「께」에 대하여「높임말」이라고만 되어 있다.

이와 같이 한국어에 존경조사가 갖추어져 있기는 하지만, 작금의 사용실태를 관찰해 보면 존경조사의 사용비율이 과거에 비하여 현저하게 저하되어 있다는 것을 알 수 있다. 존경조사와 보통조사의 구별이 없는 일본어의 조사사용법과 별반 차이가 없음을 알 수 있는 것이다.

이상, 일본어의 존경어에 대하여 살펴보았다. 존경어는 소재의 인물을 직접 높여서 대우하는 표현형식이다. 이것은 경어의 여러 요소 중에서도 가장 기본적인 것이다. 우리가 경어라는 말을 들으면 곧바로 존경어 즉 높임말을 연상하는 이유가 여기에 있다. 실제로 경어와 존경어를 동일시하는 경우도 적지 않다. 이와 같은 인식도 완전히 빗나간 것이라고 할 수는 없다. 경어의 기원이 인간의 상하관계에서 구해지기 때문이다.

지금까지 일본어와 한국어의 존경어의 체계와 사용법에 대하여 비교한 바에 의하면, 존경표현을 위한 전체적인 체계는 일본어와 한국어가 유사하다. 그러나 세부적인 면에 있어서는 한국어에 비해 일본어가 훨씬 더 복잡한 경어체계를 유지하고 있음을 알 수 있다. 그와 같은 차이점으로 인한 경어표현의 다양성에도 많은 차이점이 나타난다.

특정형의 존경어 중에서 일본어에는 존경체언도 발달되어 있지만 특히 존경동사의 형태가 다양하게 발달되어 있음을 알 수 있다. 그리고 그것이 여러 가지의 기능을 발휘한다.

일반형으로서의 존경성분의 경우에는 일본어와 한국어가 극명한 대조를 이루고 있다. 일본어의 존경성분은 명사와 형용사 및 특히 형식동사와 보조동사 등으로 매우 다양하게 발달하여 있는데 비하여 한국어의 존경성분은 기본적으로「시」하나 밖에 없기 때문이다.

일본어와 한국어의 경어에서 존경표현이 다용된다고 하는 공통점은 있지만, 특정형이나 일반형을 막론하고 그 형태의 종류에 관해서는 양언어 사이에 커다란 차이가 관찰되는 것이다. 일본어에서는 동사 · 형용사 · 형용동사 각각에 첨가하는 특정한 성분을 갖추고 있다. 이에 비하여 한국어의 경우는 존경보조어간 또는 선어말어미로 일컬어지는 성분 하나로 모든 용언에 사용하고 있다. 종류의 다양성에 관해서는 체언의 경우도 마찬가지이다. 또한 특정형과 일반형의 호환성에 있어서도 일본어가 훨씬 용이하다.

일본어에 비해 한국어에서는 존경조사가 특징적으로 발달되어 있다. 이 점에 있어서 한국어는 술부의 경어형이 풍부한 일본어와 좋은 대조를 이루고 있다. 단, 한국어 존경조사의 사용빈도는 현대경어운용의 단순화현상과 더불어 낮아져 가는 경향에 있다. 이러한 점에서 한국어의 존경조사는 그것이 발달되어 있지 않은 일본어의 조사사용법을 닮아가고 있다고 할 수 있다.

제3장

소재의 인물을 상대적으로 높이는 겸양어 I

1. 겸양어I과 겸양어II
2. 특정형으로 사용되는 겸양어I
3. 일반형에 의한 겸양어I

1. 겸양어Ⅰ과 겸양어Ⅱ

겸양어(謙讓語, humble words)는 전통적인 학교문법에서 경어를 「존경어, 겸양어, 공손어」의 3종류로 분류한 것 중의 하나이다. 일반적으로 화자가 화자 본인이나 화자 측에 속하는 인물을 낮추어서 표현하여 상대적으로 그 표현의 수용자를 높여서 대우하는 경어를 겸양어라고 한다.

『일본어학연구사전』(2007:471)에서는 겸양어를 다음과 같이 정의하고 있다.

> 敬語の一つ。尊敬の対象を高めるために，話し手および話し手の側に属するものを低めて言うに用いられる語。謙遜語 · 謙称 · 下位主体語などともいう。
>
> (경어의 한 가지. 존경의 대상을 높이기 위하여, 화자 및 화자 측에 속하는 것을 낮추어서 말할 때에 사용되는 말. 겸손어, 겸칭, 하위주체어 등이라고도 한다)

이와 같은 겸양어에 대하여 근래에는 두 가지로 나누어서 논하는 것이 일반적이다. 이것은 겸양어의 기능에 따라 수용자가 화제의 인물인 경우와 청자인 경우의 두 종류로 크게 나눌 수 있기 때문이다.

이 두 가지를 「경어의 지침」(2007)에서는 「겸양어Ⅰ」과 「겸양어Ⅱ」로 분류하고 있다. 혹자는 「겸양어A」「겸양어B」로 분류하기도 하고 필자는 전자를 소재(화제)의 인물을 대우한다는 뜻으로 「소재성겸양어」, 후자를 대자(청자)를 대우한다는 뜻으로 「대자성겸양어」로 분류하고 있다. 그러나 본서에서는「경어의 지침」에 따라「겸양어Ⅰ」과「겸양어Ⅱ」에 따르기로 한다.

그러면「겸양어Ⅰ」과「겸양어Ⅱ」는 어떤 차이점이 있는지 살펴보기로 하자.

「겸양어Ⅰ」은 행위자의 행위를 낮춤으로 인해, 그 행위의 수용자를 높이는 겸양어이다. 다음의 예에서,「申し上げる(말씀드리다)」「お届けする(전달해 드리다)」하는 행위자는「私(저)」「当方(저희 쪽)」이고, 이「私(저)」「当方(저희 쪽)」의 행위를 낮춤으로 인해, 각각「先生(선생님)」「会員様(회원님)」를 상대적으로 높이고 있다.

(1) a) その件に関しましては私の方から先生に申し上げるつもりです。
(그 건에 관해서는 제 쪽에서 선생님께 말씀드릴 생각입니다)

b) 当方から自治会などを通じて, 各会員様にお届けする予定です。
(저희 쪽에서 자치회 등을 통하여, 각 회원님께 전해드릴 예정입니다)

이런 종류의 겸양어에 의해 대우되는 사람은 행위의 수용자인 화제의 인물이다. 이와 같이 화제의 인물을 대우하는 겸양어를 겸양어Ⅰ이라고 하는 것이다.

다음과 같이 화제의 인물과 청자가 동일인물일 경우에는 그 대우받는 자가 실질적으로는 청자가 된다. 그래도 문의 구조상 대우받는 인물은 화제의 인물로 간주한다.

(2) a) 社長, 昨日も(社長に)申し上げたのですが, お忘れですか。
(사장님, 어제도 (사장님께) 말씀드렸는데, 잊으셨나요?)

b) お客様, 本商品は本日中に(お客様の)お宅にお届けします。
(손님, 이 상품은 오늘 중으로 (손님의) 댁으로 배달해 드리겠습니다)

한편, 「겸양어Ⅱ」는 행위자를 낮춤으로 인해 상대적으로 화제의 인물이 아닌 청자를 높이거나, 행위자와는 관계없는 내용을 정중하게 표현하여 청자를 대우하는 겸양어이다.

다음의 (3a)는 행위자가 있는 문장으로 그 행위자를 겸양하여 듣는 사람을 대우하는 것이고, (3b)는 동사의 행위자는 존재하지 않고 오로지 청자를 정중하게 대할 뿐이다. 이와 같은 겸양어를 「겸양어Ⅱ」라고 한다. 「겸양어Ⅱ」의 구체적인 종류와 기능에 관해서는 다음 장에서 논하기로 한다.

(3) a) 私は明日東京へまいります。
(저는 내일 도쿄에 갑니다)

b) まもなく東京行きの電車がまいります。
(곧 도쿄행 전철이 들어오겠습니다)

겸양어가 기본적으로 특정형을 가진 겸양어와 성분첨가에 의해 만들어지는 일반형의 겸양어라는 두 가지 종류를 갖고 있는 점에 관해서는 존경어의 경우와 마찬가지이다.

겸양어 I 의 경우, 특정형이라는 것은 「申し上げる · 差し上げる」와 같이 이미 한 단어로 구성된 것을 가리킨다. 일반형은 「お話しする · ご報告する」와 같은 겸양어를 만드는 성분 「お · ご~する」 등을 첨가함으로 인해 규칙적으로 생산되는 겸양어를 가리킨다. 위의 예에 나온 「お目にかかる」는 특정형의 겸양동사이고, 「ご案内す

る」는 「ご~する」라는 성분첨가에 의한 일반형의 겸양어이다.

겸양어Ⅱ에서 볼 수 있는 특정형의 용언은 「まいる, おる」 등을 들 수 있다. 이들이 「~てまいる, ~ておる」와 같이 보조동사로 쓰이면 일반형으로서의 겸양성분이 된다.

특정형이나 일반형이나 겸양어는 체언과 용언의 양쪽에 존재한다. 이 중에서, 특정어형을 가진 용언은 동사로 한정된다. 이 점에 관해서는 일본어와 한국어가 같은 양상을 보인다.

그러나 겸양어의 어구성 면에서는 일본어와 한국어 사이에 커다란 차이점을 찾을 수 있다. 한국어의 경우에는 매우 단순한데 비하여 일본어의 경우에는 매우 복잡하다는 것이다. 이와 같은 차이는 겸양성분에 있어서도 마찬가지이다.

2. 특정형으로 사용되는 겸양어 I

겸양어 I 에 대하여「경어의 지침」(2007:15)에서는「화자측에서 상대측 또는 제삼자를 향하는 행위나 사항 등에 대하여, 그 향하는 쪽의 인물을 높여서 표현하는 것」이라고 정의하고 있다.

행위에 관한 겸양어 I 을 보면 예를 들어「先生のところに<u>伺う</u>」의 경우「先生のところに<u>行く</u>」와 내용은 같지만,「行く」 대신에「伺う」를 사용함으로서「先生」를 높이는 표현이 된다. 이와 같이「伺う」는 그 동작이 향하는 곳에 대한 경어로 기능하는 것이다.

특정형을 갖는 겸양어로서의 동사를 겸양동사라고 한다. 겸양동사 중에서 겸양어 I 로 사용되는 용어부터 살펴가도록 하자. 일본어의 겸양동사는 매우 다양한 형태로 발달되어 있다. 겸양어로 사용되는 특정형으로서의 체언, 즉 겸양체언은 별로 많지 않다.

겸양어 I 로 기능하는 대표적인 겸양동사 중에서 가장 전형적인 것으로는 다음의 ①과 같은 것이 있다. ②는 복합어이긴 하지만 각 요소를 독립시켜서는 겸양어로 기능하지 않게 되기 때문에 전체로서 하나의 겸양동사로 간주해야 하는 것이다. ③은 겸양성분「お~する」와의 합성에 의해 형성되어 있지만, 이들도 한단어로 사용되기 때문에 겸양동사로 간주한다.

〈대표적인 겸양동사〉

① 伺う·申し上げる·差し上げる·いただく·上がる·存じ上げる·拝見する·拝借する·たまわる·承る·捧げる·頂戴する
② お目にかかる·お目にかける·ご覧に入れる·お耳に入れる

③お目見えする·お目もじする·お見それする

이와 같이 일본어의 겸양동사는 매우 다양하다. 근년에 겸양어가 줄어들었다고 지적되는 경우가 있는데, 겸양동사의 종류는 존경동사를 상회할 정도이다. 구체적인 해설과 각각의 용례를 살펴보도록 하자. 이하에 보인 용례는「少納言」을 통해서 검색한 실제 모두 사용된 예이다. 경어의 예시에 필요 없는 긴 문장은 적절히 조정하였다. 예문이 어려운 경우는 해설 부분만 읽어도 이해가 될 것이다.

【伺う (うかがう)】

→「伺う」는 위에서 본「行く」 또는「訪ねる」에 대한 겸양어로서 뿐만 아니라「聞く」「尋ねる」「問う」 등 여러 종류의 겸양어 I 로 사용된다.

· 二〇年ほど前, 当時ソニーの会長だった盛田昭夫さんの奥様, 良子さまにお話を伺う機会がありました。
· やはり住所を伺うべきでしょうか?

【申し上げる (もうしあげる)】

→「言う」의 겸양어인데 내용적으로「話す」의 겸양어로 기능하는 경우도 있다. 일상생활에서 빈번하게 사용되는 용어이다. 접두사「お」「ご」와 더불어 사용하면 겸양성분의 역할을 한다.

· 今申し上げましたが, 我が国はこれまでも財政改革を推進してまいりました。

· 委員の皆さん方に心からお礼を申し上げる次第でございます。

【差し上げる（さしあげる）】

→「やる」「与える」의 겸양어로 사용된다.「~てさしあげる」의 형태로 보조동사로서의 기능도 갖추고 있다.

· 他人様に物を差し上げるというのは本当に難しいものです。
· 発表者には, 薄謝ながら謝礼を差し上げます。

【いただく】

→「もらう」「食う」「飲む」의 겸양어로 사용된다. 형식동사나 보조동사로도 다용되고 있다. 단,「いただく」는「もらう」의 겸양어로 사용될 때에 겸양어 I 로서의 기능이 확실히 부각되고,「食う」「飲む」의 겸양어로 사용될 때는 청자에 대한 경어성이 느껴지는 경우도 있다.

· 皆様には, 御多忙のところ本委員会に御出席をいただき, 誠にありがとうございます。
· 「でも, 軽く, お茶漬ぐらい, どう？」「ええ, いただきます」

【上がる（あがる）】

→「行く」「来る」「訪ねる」에 대한 겸양어로 사용된다. 평상시에 그렇게 많이 사용되는 표현은 아니다.「参上する」와 비슷한 뜻이다.

· 本日はお礼かたがたご報告に上がりました。

【存じ上げる (ぞんじあげる)】

→ 기본적으로 「知る」의 겸양어로 사용된다. 「思う」에 해당하는 겸양어는 겸양어Ⅱ로서 「存ずる」가 주로 사용되는데 「存じ上げる」가 「思う」의 겸양어로 사용되는 경우가 있다.

- お顔はよく存じ上げておりますが, 作品は今回初めて読みました。
- ちょっとお答えを差し控えさせていただければと存じ上げる次第でございます。

【承る (うけたまわる), 拝聴する (はいちょうする)】

→「聞く」「受ける」의 겸양어로 사용된다.

- 皆様からのご意見ご要望など承りたく, 小宴を催したく存じます。
- その方々の御意見を拝聴するというのも大事だろうと思います。

【拝見する (はいけんする)】

→「見る」의 겸양어로 사용되며 접두사 「拝」에 의해 일체화된 겸양어 중에서는 가장 다용되는 용어이다.

- 数多くの御出品を拝見していると, みんな戸外で綺麗に撮影されているんですね。

【お目にかける (おめにかける), ご覧に入れる (ごらんにいれる)】

→「見せる」의 겸양어로 사용된다.

- 何かの形で整理してお目にかけるようにいたします。
- とてもいい品が入っておりまして, ぜひご覧に入れたいと思っております。

【お目にかかる (おめにかかる)】

→「会う」의 겸양어로 다용된다.

・すぐにもお目にかかりたい気持ちでいっぱいです。

【拝借する (はいしゃくする)】

→「借りる」의 겸양어이다.

・ぜひ総理のお力も拝借したいと思うんですが, いかがでしょうか。

이 밖에도「拝眉する＜会う」「拝読する＜読む」「拝察する＜推察する」「あずかる＜受ける」등의 겸양어를 살펴볼 수 있다.

한국어의 겸양동사를 살펴보도록 하자. 일본어에 비하면 한국어의 겸양동사는 상당히 빈약하다. 한국어 고유의 겸양동사로 간주되는 것 중에서 일반성이 있다고 볼 수 있는 것은「여쭈다 (申し上げる, 尋ねる), 말씀드리다 (申し上げる), 바치다 (差し上げる, 捧げる), 모시다 (お供する, 仕える), 뵙다 (お目にかかる), 드리다 (差し上げる), 올리다 (捧げる), 받들다 (かしずく), 받잡다 (戴く)」정도이다.「아뢰다 (申し上げる), 사뢰다 (申し上げる)」도 있으나 이 두 단어는 문장체적이고 고어적인 성격이 강하다.

여기에서 한국어에 대응하는 일본어역을 보면 한국어의 겸양동사는 모두 일본어의 겸양동사와 대응하고 있다는 것을 알 수 있다.「모시다」에 대응하는「お供する」는 겸양성분의 첨가에 의한 것이기는 하지만, 분해하여 사용하는 것이 불가능하기 때문에 겸양동사로 인정해도 지장이 없을 것이다. 양언어의 이와 같은 대응은 매우 흥미 있는 현상이다.

위의 예에서 알 수 있는 또 하나의 특징은 한국어의 겸양동사에는 일본어의「申し上げる」에 해당하는 단어의 종류가 많다는 것이다. 한국인이 윗사람에게 말을 걸 때에 특별하게 신경을 써왔다는 사실과 무관하지는 않아 보인다.

겸양어Ⅰ로 기능하는 특정형의 체언, 즉 겸양체언은 별로 많지 않다. 한자접두사에 의해서 일체화된 겸양어 중에서 동사성을 가진 명사가 겸양어Ⅰ로 기능한다. 예를 들면 다음과 같은 용어는 겸양어Ⅰ로 기능한다고 볼 수 있다. 고유일본어에 의한 겸양어는「者(もの)」등이 존재하지만 이는 겸양어Ⅱ로 기능한다.

【拝】拝見, 拝観, 拝啓, 拝察, 拝借, 拝受, 拝聴, 拝読, 拝謁
【謹】謹啓, 謹呈
【上】上書, 上啓, 上申, 上疏, 上奏
【進】進上, 進呈
【献】献上, 献策, 献呈, 献納, 献言
【謁】謁見

한국어는 겸양체언도 그 종류가 매우 적다. 겸양어Ⅰ로 기능하는 겸양체언은「말씀」이 있을 뿐이다.「말씀」은「(1) 남의 말을 높여 이르는 말」임과 동시에「(2) 자기의 말을 낮추어 이르는 말」(『표준국어대사전』)이기도 한다. 그 외에「저, 아범 (=애비), 어멈 (=애미), 자식, 여식」등이 있으나 이들은 겸양어Ⅱ로 기능한다.

3. 일반형에 의한 겸양어 I

특정한 어형을 가진 겸양어와 함께 겸양표현을 이루는 또 하나의 축은 성분첨가에 의한 일반형으로서의 겸양어이다. 이것은「お~する · お~申し上げる」와 같은 겸양성분을 첨가함으로 인해 규칙적으로 생산된다.

용언과 체언에 첨가되는 일반형으로서의 겸양성분이 있다는 점에 있어서는 일본어와 한국어가 공통된다. 그러나 성분첨가에 의한 겸양어의 형태 및 운용에 관해서는 양언어 사이에 큰 차이가 나타난다.

일본어는 겸양성분의 종류가 풍부하고, 그에 의한 겸양표현이 활발하게 행해지고 있다. 이에 비하여 한국어의 경우는, 특정어형을 가진 겸양어는 얼마간 있어도, 겸양성분의 종류는 매우 적다. 성분첨가에 의한 겸양어 운용의 면에 있어서도 일본어의 경우와 비교하여 한국어에서는 극단적으로 제한된다. 이와 같은 상황을 용언과 체언으로 나누어서 검토하도록 한다.

3.1 동사에 사용하는 겸양성분1

겸양어 I 로 기능하는 용언의 일반형은 대부분이 동사에 사용된다. 형용사나 형용동사에는 보통 사용되지 않는다. 존경성분이 동사 · 형용사 · 형용동사의 각각에 첨가되는 특정한 형태를 갖고 있는 것과는 다르다.

동사에 첨가되는 겸양성분은「お~する」와 같은 형식동사 및「~てさしあげる」와 같은 보조동사로 구성된다. 존경성분「れる・られる」와 같은 조동사에 의한 겸양성분은 없다.

일본어의 겸양성분은 광범위하게 사용되는데 비하여 한국어의 겸양성분은 사용 장면이 지극히 제한된다. 이와 같은 차이에 의해 양 언어의 겸양표현 자체에도 커다란 차이가 발생한다. 일본어의 성분 첨가에 의한 겸양어의 대부분은, 한국어에서는 특정어형이 없는 경우에는 보통어 표현으로 나타낼 수밖에 없는 것이다.

예를 들면, 일본어의「お~する・お~申し上げる」와 같은 일반형의 겸양성분에 의한 표현은, 현대한국어에서는 보통어로 표현할 수밖에 없다. 보조동사의 경우에만「~てさしあげる (~해 드리다)」와 같이 대응하는 요소를 찾을 수 있다.

(1) a) このようなお手紙をお書きしてよいものかと悩む気持もありました。
(이와 같은 편지를 써도 괜찮은 것인지 고민도 되었습니다)

b) 皆様の御来店を心よりお待ち申し上げております。
(여러분이 내점을 진심으로 기다리고 있습니다)

이하에 먼저 겸양형식동사에 대해 살펴보고, 다음으로 겸양보조동사에 대해 살펴보도록 한다.

3.1.1 형식동사로 사용되는 겸양성분1

겸양어 I 로 기능하는 성분 중에서 형식동사에 해당하는 것에는 다음과 같은 것이 있다. 이와 같은 겸양성분에는 일반동사의 연용형

또는「する動詞」의 어간상당부분이 사용된다.

① お·ご~する, お·ご~申し上げる
② お·ご~いただく, お·ご~ねがう, お·ご~にあずかる
お·ご~を仰ぐ, お·ご~をこうむる

①과 ②는 의미적인 차이가 있다. ①의 겸양성분에는 일인칭자의 행위를 나타내는 말에 첨가된다. 이에 비하여 ②의 경우에는 높여야 하는 인물의 행위를 나타내는 단어가 적용된다. 즉, ①은 일인칭자를 오로지 겸손하는 의미가 강하고, ②는 겸양표현의 수용자의 행위를 높이고, 그 행위가 일인칭자에 은혜로 제공된다는 의미로 사용된다.

환언하면 ②의 겸양성분은 전반부분과 후반부분이 복합적으로 구성되어 있다. 전반의「お·ご~」의 부분이 이인칭자에 대한 존경의 기분을 나타내고 있고, 후반부분에서 이인칭자의 행위를 은혜로서 일인칭자가 수용하는 형식으로 되어 있는 것이다. 따라서 ②는 내용적으로 존경어의 성격도 내포하고 있다고 할 수 있다.「ご覧いただく」도 구조적으로는 이런 종류의 겸양표현이다. 단, 이것은「覧」만으로는 기능하지 않기 때문에 존경어「ご覧」이 일체화되어 있는 특수한 구조라고 할 수 있다.

용례를 들어보도록 하자. 이하의 예는 검색프로그램「少納言」을 이용하여 발췌한 것이다.

【お·ご~する】

· 御社に御迷惑をおかけして非常に恐縮に存じております。
· どうしてよいかわからない点を詳しくお話ししようとおもって

おります。
· ブロ友さんをご訪問していて, 福寿草の記事を見かけました。

한 가지 주의할 점이 있다.「ご訪問する」와 같은 구문은 기본적으로 겸양어인데 이것을 존경어로 사용하는 경우가 대단히 많다. 예를 들면 겸양성분「ご~する」를「先生が拙宅をご訪問しました」와 같이 높여야 할 대상에 적용하는 것이다. 이것은 오용이다. 이때는「訪問されました」 또는「ご訪問になりました」가 올바른 경어표현이다.

그런데 일본어화자가 존경표현으로 대단히 많이 사용하고 있는「お · ご~していただく」와「お · ご~してくださる」에 대해서는 재해석이 필요하다. 이것은「お · ご ~」와「していただく (してくださる)」를 분리해서 해석할 수 있기 때문이다. 실제로 일본어화자가 아래와 같은 표현을 할 때는 이와 같이 존경부분과 겸양부분을 분리해서 인식하고 있다. 명사부분과 동사부분 사이에「を」를 생략하여「ご訪問(を)してくださる」「ご訪問(を)していただく」와 같은 개념으로 사용하고 있는 것이다.

· ほったらかしの間, ご訪問してくださった方々ありがとうございます。
· ご訪問して下さる皆様のおかげでこのブログも続けることが出来ています！！
· ご訪問して頂きました皆様のおかげで, 訪問者数が 50,000人を突破いたしました。

위의 예도 전부「少納言」에서 검색한 실제의 예인데,「ご訪問する」가 사용된 검색항목 전체의 8할이 이와 같이 존경어로 사용되어 있다. 따라서 필자는「お · ご~していただく」와「お · ご~してくださる」 구문에 대해서는 오용이라고 볼 수 없다는 입장을 취하고 있으나 교과서적으로는 오용으로 취급받고 있으니 오해를 받지 않기 위해서는 중간에 있는「して」를 빼고 사용하는 것이 무난하다.

「お·ご」는 존경성분이라는 인식이 강하고, 그 때문에「お · ご~する」 특히「ご~する」를 겸양표현으로 사용하는 것에 저항감이 느껴지는 경우가 있다. 예를 들면, 다음과 같은 표현에는 저항을 느낄 수도 있는 것이다. 화자본인의 행동에 존경어를 사용하는 듯한 인상이 들기 때문이다. 약간의 위화감이 있더라도 이들은 바른 경어표현이다.

(2) a) そこには「お客さまにお約束します」というタイトルで 「顧客第一主義」的な項目が羅列されている。

(거기에는「손님께 약속 드립니다」라는 타이틀로「고객제일주의」적인 항목이 나열되어 있다)

b) 工事の進捗状況もまた写真でご報告したいと思います。

(공사의 진척상황도 또 사진으로 보고 드리고자 합니다)

c) 正しいことをして, 配慮しながらご指摘しても, 嫌味っぽく聞こえることがあります。

(올바른 것을 하며, 배려하면서 지적을 해도 비아냥거리는 투로 들리는 수가 있습니다)

【お·ご~いただく】

위에서 지적한대로「お · ご~していただく」는 해석상의 문제가 있으니 신경 쓰도록 한다.

· もう一つ, 是非皆さん方にお聞きいただきたいのがあります。

· ぜひとも森本先生にご出席いただきたいので, 春休みのご予定を教えてください。

【お·ご~申し上げる】

· その実現のため御協力いただきますようお願い申し上げます。
· 今度行ったときは食してみて, 詳細をご報告申し上げますのでもうしばらくお待ち下さい。

【お·ご~ねがう】

· この例はどんなことなのかちょっとお聞かせ願いたいと思います。
· 会場の準備が整うまで, しばらく御歓談ねがいます。
· ご相談したいことができたので事務所にご足労願えないかと頼んだ。

【お·ご~にあずかる】

· この度はお褒めにあずかり, 光栄でございます。
· ただいまご紹介にあずかりました朝日新聞の中山です。

이와 같이 일본어에서 사용되는 많은 부분의 겸양동사와 겸양성분이 겸양어Ⅰ에 속한다.「お · ご~いたす」와「かしこまる」는 겸양어Ⅰ과 겸양어Ⅱ의 성질을 동시에 갖고 있다. 굳이 분류를 한다면 겸양어Ⅱ의 성질이 더 강하다고 할 수 있다.

(3) a) またのお越しを, 社員一同心よりお待ちいたしております。
(또 와주시기를 사원일동 진심으로 기다리고 있습니다)

b) お申込いただいた方に入場券をお送りいたします。
(신청을 해 주신 분께 입장권을 보내 드립니다)

c) 近いうちにご訪問いたしたいと思います。
(가까운 시일 내에 방문하고 싶다고 생각합니다)

「경어의 지침」(2007:20)에서도 겸양어 I 과 겸양어 II 의 성질을 동시에 갖는 경어로「お·ご~いたす」를 들고 다음과 같이 풀이하고 있다.

「お(ご)……いたす」は,「自分側から相手側又は第三者に向かう行為について, その向かう先の人物を立てるとともに, 話や文章の相手に対して丁重に述べる」という働きを持つ, 「謙譲語 I」兼「謙譲語 II」である。

(「お(ご)……いたす」는「자기 측에서 상대방 측 또는 제삼자를 향하는 행위에 대하여, 그 향하는 곳의 인물을 높임과 동시에, 이야기나 문장의 상대방에 대하여 정중하게 표현한다」라는 기능을 가진,「겸양어 I」 겸 「겸양어 II」 이다.

이상과 같이 겸양어 I 은 행위자와 그 행위의 수용자와의 관계를 화자가 고려하여, 그 행위의 수용자를 높이는 기능을 갖고 있는 것이다. 따라서 겸양어 I 이 겸양어 본래의 기능을 충실하게 담당하고 있다고 할 수 있다.

「お」와「ご」의 구분사용은 존경어의 경우와 같다. 즉,「お~」는 고유어에 붙기 쉽고,「ご~」는 한자어에 붙기 쉽다. 그러나「お」가 붙는 체언을 포함하는 겸양어의 경우에는「お電話する」「お約束する」와 같이「お」가 붙는다.

3.1.2 겸양어Ⅰ로 기능하는 보조동사

겸양표현에 사용되는 보조동사는 일본어나 한국어가 모두, 단독으로 겸양동사로서도 기능한다. 예를 들면, 아래의 (4)는 본동사로서의 용법이고, (5)는 보조동사로서의 용법이다.

(4) a) 私は先生にお手紙を差し上げました。
b) 저는 선생님께 편지를 드리-었습니다.

(5) a) 私は先生に荷物を持っていって差し上げました。
b) 저는 선생님께 짐을 갖다 드리-었습니다.

일본어는 보조동사의 첨가에 의한 겸양표현이 왕성하게 사용되고 있다. 단, 사용빈도에 비하여 겸양보조동사의 종류는 반드시 많지는 않다.

보통어의 경우에도 보조동사로 사용되는 용어는「いる·いく·くる·やる·くれる·もらう·おく·しまう·みる」로 한정되어 있다. 이들 보통어 중에서 겸양어형이 있는 단어가 겸양보조동사로 기능하게 된다.「みる」는 겸양어형에「拝見する」가 있지만, 이것은 한자어인데다가 접두사에 의해 일체화된 것이기 때문에「~て拝見する」와 같은 보조동사의 용법은 없다.

겸양어Ⅰ로 사용되는 보조동사에는 다음과 같은 것이 있다.

① てあげる(<てやる)·てさしあげる(<てやる)
② ていただく(<てもらう)·(さ)せていただく(<(さ)せてもらう)

①은「てやる」의 겸양어인데, 이 중에서「てあげる」는 현재 겸양 성분으로서의 기능을 거의 상실하고 있다. 다음의 (6a)와 같은 표현에서는 미화어적인 성격이 강하다. (6b)와 같은 표현은 은혜를 베푸는 듯한 느낌이 강하게 들기 때문에 상위자에게는 사용하지 않는 것이 무난하다. 한국어로 번역할 때도「~てあげる」는「~해 드리다」보다는「~해 주다」로 인식하는 것이 원의(原意)에 가깝다.

(6) a) さあ, 昔話をしてあげようね。
(자, 옛날 얘기를 해 줄게)

b) 暇だから手伝ってあげますよ。
(시간 있으니까 도와줄게요)

「~해 드리다」를 나타낼 때는 (7a), (7b)와 같이「~てさしあげる」가 대응한다. 겸손한 표현으로는「~てさしあげる」가 더욱 적합하다는 것이다. 단, 실질적으로는 같은 의미로「お·ご~する」가 더 일반성이 있다는 것도 이해해 둘 필요가 있다. 즉「들어 드리다」는「持って差し上げる」보다 (7c)와 같이「お持ちする」가 일반적이라는 것이다.

(7) a) 駅まで送って差し上げます。
(역까지 바래다 드리겠습니다)

b) 店に来られる方に教えて差し上げると喜ばれるかと思います。
(가게를 찾아주시는 분들에게 가르쳐 드리면 좋아하실 것이라고 생각합니다)

c) 良かったらお荷物をお持ちします。
(괜찮으시다면 짐을 들어드리겠습니다)

②의「ていただく」와「させていただく」는 성질이 다르다.「ていただく」에는「お・ご~いただく」의 경우와 마찬가지로, 수용자 측의 행위를 나타내는 용언이 사용된다는 점에서 존경어적인 성질을 갖는다. 예를 들면,「話していただく」에 있어서의「話す」는「ていただく」에 의해 상위자로 대우되는 인물의 행위를 나타내고 있다.

(8) a) 日本で何を学び, 国へ帰ってどうしたいか話していただきます。
(일본에서 무엇을 배우고, 귀국해서 어떻게 하고 싶은지 말씀해 주세요)

b) 手とり足とり教えていただくなどとは, とんでもないことです。
(하나하나 꼼꼼히 가르쳐 주시다니 당치도 않으십니다)

이에 비하여「させていただく」에는「質問させていただく」와 같이 화자의 행위를 나타내는 단어가 사용된다.

(9) a) ちょっと疑問に思ったので, 質問させていただきました。
(약간 의문이 생겨서 질문하였습니다)

b) 総論としては, 私は以上のような所信, 感想を持っておりますので, 発表させていただきました。
(총론으로서는, 저는 이상과 같은 소신, 감상을 갖고 있기 때문에 발표하였습니다)

「ていただく」에 의한 표현은 일본어에 특징적인 표현이다. 이것은 행위자・수용자의 관계에 있어서의 수용자에 중심(重心)을 둔 표현이다. 즉, 화자가 수용자의 행위를「삼가 받자옵는」것을 강조하고, 수용자의 행위가 화자 측에 영향을 미치는 것까지 언어표현에 포함시키고 있는 것이다. 「させていただく」도 결국은 같은 개념이다. 「話させていただく」의 경우 「話す」하는 행위자는 화자이지만 그렇게 할 수 있도록 허락하는 사람은 「させていただく」에 의해 대우되는 수용자라는 것이다.

다음의 예와 같이 「おっしゃる · 対応させる · 送る」라는 수용자의 행위가 화자에까지 미치고 있다는 것을 언어표현에 직접적으로 나타내고 있다.

(10) a) 最初から率直におっしゃっていただければ私どもも真摯に対応させていただくというふうに申し上げております。

(처음부터 솔직하게 말씀해 주시면 저희들로서도 진지하게 대응하겠다는 것을 말씀드리고 있습니다)

b) 各家庭のデータを送っていただくモニターも募集し, 現在約50人のモニターから継続的にデータを送っていただいています。

(각 가정의 데이터를 보내주실 모니터도 모집하여, 현재 약 50명의 모니터로부터 계속적으로 데이터를 받고 있습니다)

일본어의 「ていただく」를 한국어로 축어번역(逐語飜訳)하면 한국어다운 표현이 되지 않는다. 이와 같은 표현형식이 한국어에는 존재하지 않기 때문이다. 한국어에서는 이와 같은 경우, 오로지 행위자의 행위에 중심(重心)을 두고, 「~해 주시다 (~てくださる)」와 같이 표현한다. 「ていただく」를 한국어로 자연스럽게 번역하고자 할 때는 행동주를 주어로 세워서 「말씀하여 주시다」 「보내 주시다」와 같이 존경표현으로 나타낼 수밖에 없는 것이다.

이상에서 본 바와 같이 일본어에서는 같은 사항을「ていただく」에 의한 겸양성분으로도 표현할 수가 있고,「てくださる」에 의한 존경성분으로도 표현할 수가 있다. 그 중에서도 높여서 대우해야만 하는 인물로부터 화자에게 은혜가 전해지는「ていただく」에 의한 표현을 선호하는 경향이 있다.「てくださる」보다「ていただく」가 경의도가 높다고 인식하고 있는 것이다.

한국어에서는 높여야 되는 인물의 행위에 대하여 존경표현만을 사용하고, 그 영향이 화자에게 미치는지 아닌지는 표현하지 않는다. 한국어에 겸양표현형식이 부족하다는 것과도 관계가 있겠지만, 상위자의 행위에 관한 경의는 오로지 존경표현에 의지할 수밖에 없다. 행위자를 높임으로 인해, 화자가 행위자보다 하위자이거나 외부의 인물이라는 것을 나타낼 수밖에 없는 것이다. 이 점에서 일본어는 객체중심의 언어이고, 한국어는 주체중심의 언어라고 할 수 있다.

일본어와 한국어의 이와 같은 표현상의 차이는 경어적인칭의 관점에서도 대조할 수 있다. 존경어에서 살펴보았듯이, 경어적인칭이란 상대경어법이 발달되어 있는 일본어의 경어를 논할 때에 주로 사용하는 용어로 화자 및 화자측 인물, 즉 타인에 대하여 겸양하여 표현하여야 하는 대상을 일인칭으로 보고, 청자나 청자측 혹은 제삼자측 인물, 즉 높여서 대우해야 하는 대상을 이인칭으로 보는 개념이다.

행위자가 화자측 인물인 일인칭자인 경우, 한국어에서는 같은 사항에 관하여 존경표현과 겸양표현의 어느 방법으로도 표현이 가능한데 비하여 일본어에서는 불가능하다. 예를 들면, 한국어에서는「아버님이 선생님께 말씀하셨다」도「아버지가 선생님께 말씀드렸다」도 성립한다. 이에 비하여, 일본어에서는「お父様が先生におっしゃった」는 성립할 수 없고,「父が先生に申し上げた」밖에 성립하지 않는다.

한편, 행위자가 경어적이인칭이나 경어적삼인칭인 경우에는 반대의 현상이 발생한다. 일본어에서는「先生がおっしゃってくださった」로도「先生におっしゃっていただいた」로도 표현할 수 있는 데에 비하여, 한국어에서는 전자의「선생님이 말씀해 주셨다」와 같은 표현은 존재하지만 후자와 같은 표현은 없다는 것이다.

한국어의 겸양보조동사에 대해 살펴보도록 하자. 한국어의 겸양보조동사에는「드리다 · 뵙다 · 모시다」가 준비되어 있다. 이 중에서「드리다」가 비교적 일반성을 갖는 성분이다. 한국어는 겸양보조동사의 종류도 매우 적고, 장면의 제약을 강하게 받는다고 할 수 있다.

「드리다」는 겸양성분 중에서 비교적 자유로운 보조동사이다. 일본어의「てさしあげる」에 해당하는 의미를 나타낸다.「드리다」가「てあげる」로 직역되는 경우도 적지 않은데 의미적으로「てさしあげる」와 대응시키는 것이 바람직하다.「드리다」는 화자측의 행위에 관하여 폭넓게 사용된다. 단,「差し上げる」와 마찬가지로, 행위자의 행위에 대한 수용자, 즉 대격(対格)「에게 (~に)」에 의해 나타내어지는 수용자가 존재할 경우에 한하여 사용되고, 행위자 단독의 행위에는 사용되지 않는다. 겸양보조동사로 사용되는「뵙다」와「모시다」는「찾아뵙다」「알아 모시다」 등, 한정된 장면에 밖에 사용되지 않는다.「찾아뵙다」는『표준국어대사전』에 독립된 용어로 실려 있다.

이와 같이, 일본어와 한국어의 겸양성분과 그에 의한 겸양표현에는 커다란 차이가 있다. 일본어는 겸양성분이 매우 풍부하다. 겸양동사와 겸양성분의 첨가에 의한 표현과의 호환성에 있어서도 일본어가 용이하고 한국어는 일반성이 약하다. 겸양표현이 쇠퇴해 왔다고 지적되는 만큼은 일본어의 겸양형식은 쇠퇴하지 않은 것이다. 어휘로서의 겸양어는 확실히 줄어든 것 같지만, 생산성이 높은 겸양성분이 풍부하기 때문에, 화자의 겸양의도만 있다면 얼마든지 겸양어를 사용하여 겸손할 수가 있는 것이다.

이에 비하면, 한국어에서는 행위자를 낮추는 어휘도 교체형식도 부족하기 때문에, 일반적으로는 보통어를 사용하든가 또는 상대를 존경어로 대우함으로 인해 상대적으로 겸손하는 효과를 노리든가 할 수 밖에 없다.

한 가지 주의할 점은, 겸양어 I 에 있어서의 경의의 대상은 존경어의 경우와 마찬가지로 기본적으로 화자보다 상위자인 타인이라는 것이다. 따라서 청자가 타인일 경우에, 경어적일인칭인 화자나 화자측 인물을 겸양어 I 로 대우해서는 안 된다. 그렇게 하면 겸양어 I 에 의해 상대적으로 높여지는 인물이 화자측 인물이 되어 버리기 때문이다. 한국어와의 차이를 느낄 수 있을 것이다.

(11) *私は出張に行っている父に久しぶりにお目にかかりました。
(저는 출장 가 있는 아버지를 오래간만에 만나뵈었습니다)

(12) *私は田舎の母にソウルをご案内しました。
(저는 시골 어머니에게 서울을 안내해 드렸습니다)

여기에서 「お目にかかる」「ご案内する」는 화자자신의 부모를 높여서 표현하는 형태가 되어 버린다. 상대경어법을 원칙으로 하는 일본어에서는 자기의 부모를 높여서 타인에게 대우할 수가 없는 것이다. 단, 같은 가족 안에서 화제의 인물이 청자보다 상위자일 때에 드물기는 하지만 경어가 사용되는 경우는 있다.

3.2 명사에 사용하는 겸양성분1

명사에 사용하는 겸양성분 중에서「お」「ご」의 첨가에 의한 겸양어가 겸양어 I 로 기능한다. 그 외의 한자접두사에 의한 겸양어는 기본적으로 겸양어 II 로 기능한다. 단, 한자접두사에 의한 것이라도 일반적으로 동사로 사용되는「参上する, 拝見する, 進呈する」등은 겸양어 I 로 기능한다. 일본어에서는 특히「参上する, 参拝する, 参内する, 参詣する, 参入する」와 같이「参(참)」에 의한 겸양어가 많은 것도 특기(特記)할만한 사항이다. 이 밖의 특정형으로 사용되는 명사의 겸양체언은 그 대부분이 겸양어 II 로 기능한다.

접두사「お · ご」는 일본어에서 명사에 첨가되는 대표적인 겸양성분이다. 겸양접사로 사용되는 일본어의 경어성분 중에서도 접두사「お · ご」는 생산성이 한층 눈에 띈다.「お · ご」는 용언이나 체언의 존경성분 혹은 미화성분으로 생산적으로 사용될 뿐만 아니라 겸양성분으로도 기능하는 것이다. 단, 화자측의 행위 등에 사용되는 겸양성분으로서의「お · ご」에 관해서는 그 사용법에 고민하게 되는 경우도 적지 않다.「お · ご」의 존경성분으로서의 인식이 강하기 때문이다.

접두사「お」「ご」의 첨가에 의한 겸양어 I 의 예로는 다음과 같은 것을 들 수 있다. ①은「お」, ②는「ご」가 붙는 단어의 예이다. 단, 이들은 전후 상황에 따라 존경어나 미화어로 기능하는 경우도 있다. 여기에서는 겸양어 I 로 기능하는 몇 가지의 예이다.

① お話, お手紙, お詫び, お祝い, お見舞, お礼, お手伝い, お知らせ, お答え, お勧め, お力, お願い, お邪魔, お電話, お返事

② ご挨拶, ご報告, ご返事, ご相談, ご案内, ご招待, ご連絡, ご紹介, ご質問

(13) a) では, 私のお話を, これで打ち切らせて頂きます。
(그러면, 저의 이야기를 여기에서 마치도록 하겠습니다)

b) お返事が遅れています。 今しばらくお待ちください。
(답장이 늦어지고 있습니다. 조금 더 기다려 주세요)

(14) a) 私の御質問に対しては, 事務方を経由してではなく, ご本人の思いを直接お聞きいただきたいと思います。
(저의 질문에 대해서는, 사무보시는 분을 경유하지 말고, 본인의 생각을 직접 듣고 싶습니다)

b) 市民の皆さまのご理解と, 今後のさらなるご協力を伏してお願い申し上げ, ご報告にかえさせていただきます。
(시민 여러분의 이해와 앞으로의 더 많은 협력을 간절히 부탁드리며 보고에 가름하도록 하겠습니다)

c) 私はなんとご返事をしていいかわからず, 困ったことを思い出す。
(나는 어떻게 대답을 해야 할지 몰라 난처했던 것이 생각난다)

위의 예에 사용된「お話 · 御質問 · ご報告」 등의 행위를 하는 주체는 화자이지만, 여기에서의「お · ご」는 그 행위의 수용자를 배려하기 위하여 사용된 것이다. 이와 같이 접두사「お · ご」에 의한 용어가 겸양어로 기능하기 위해서는 반드시 그 표현의 수용자를 전제로 한다. 따라서 위에 제시한 각 용어는 행위의 수용자에 대한 배려로 사용될 경우에 한하여 겸양어로 기능하는 것이다. 행위의 수용자와 청자가 동일인물인 경우에는, 행위수용자에의 경의가 청자에의 경의와 일치하는 것은 물론이다.

위의 용어가 겸양어인지 아닌지는 그 전후관계를 고려하여 결정해야 한다. ①②에 제시한 각 용어는 다음의 예에서 알 수 있듯이 문맥에 의해 존경어가 되기도 하고 겸양어가 되기도 하기 때문이다.

(15) a) 手紙でなら素直に申し上げることもできようと思い, このようなお手紙を差し上げます。
(편지로라면 솔직하게 말씀드릴 수도 있을 것이라고 생각하여, 이와 같은 편지를 드립니다)

b) 初めてお電話をいたしますが, 私, 北洋社の川上と申します。
(처음으로 전화를 드립니다만, 저는 호쿠요샤의 가와카미라고 합니다)

c) 今週日曜日にご挨拶にお伺いできればと考えております。
(이번 주 일요일에 인사드리러 찾아뵙고자 생각하고 있습니다)

(16) a) このたびはお心のこもったお手紙とお祝いをいただきましてありがとうございました。
(이번에는 정성들인 편지와 축하선물을 받아서 고맙습니다)

b) 直接, お電話をくださった方もいらっしゃいました。
(직접 전화를 주신 분도 계셨습니다)

c) 昨日は向こうから軽い会釈と微笑みでご挨拶をいただきました。
(어제는 상대편에서 가벼운 인사와 미소로 인사를 해주셨습니다)

(15)에 쓰인 밑줄 친 용어는 모두 겸양어로 기능하는 예이다. 이에 비하여 (16)의 밑줄 친 예와 같이 높여야 되는 인물이 주체가 되면 존경어로 기능한다. 즉, 그 행위의 주체가 누구인가에 의해 의미가 역전된다.「御礼」는「おんれい」라고 말할 경우에는 겸양어로서의 기능으로 거의 고정되어 있다는 점에서 특이하다.「御礼」를「お

れい」로 읽는 경우에도 겸양어로 사용되는 경우가 많은데, (17c)와 같이 존경어로서의 용법도 겸비하고 있다.

(17) a) 全棟·完売御礼！詳しくはアトラスカンパニーのホームページを見て下さい。
(전 매장, 완매 사례! 자세한 것은 아틀래스컴퍼니의 홈페이지를 봐 주세요)

b) 改めて関係者の皆さんに心からの敬意を表し，お礼を申し上げたいと思います。
(다시 한 번 관계자 여러분에게 진심으로 경의를 표하고, 감사를 드리고자 합니다)

c) 先生から思いもかけないお礼をいただきました。
(선생님으로부터 생각지도 않은 사례 선물을 받았습니다)

이와 같이「お · ご」는 같은 형태로 겸양접사와 존경접사의 기능을 동시에 갖기 때문에 맥락에 따라 용법을 구분하지 않으면 안 된다. (15)에서 본 각 예의「お · ご」는 모두 화자측의 행위 등에 관하여 사용된 것인데, 그 화자측의 행위가 수용자에 관련되는 것이기 때문에「お · ご」가 첨가된 것이다. 이때의「お · ご」는 피행위자에의 배려를 나타내고 있으며, 결국, 수용자에 대한 화자의 상대적인 경의를 나타내고 있는 것이다. 이와 같이 겸양접사로서의「お · ご」는 그 행위의 수용자를 전제로 사용된다고 하는 점에서, 반드시 수용자를 전제로 하지는 않는 미화어의「お · ご」와도 구별된다.

겸양어 I 로서의 체언은 그것이 화자의 행위에 의한 것이긴 하지만 수용자와 분리할 수 없는 경우, 즉 수용자를 전제로 한 화자의 행위인 경우에 겸양어로 간주되는 것이다. 이와 같은 표현을「피행위자에의 배려 (動作·状態のかかり先への配慮)」라고 한다. 다음의 (18)과 같은 표현도 동일한 해석이 가능하다. 단, 같은 형태의 「お言葉」가 존경어로 쓰인 (19a)에 비하여 (19b)와 같이 형식적으로는 겸양어이지만 실질적으로는 겸양어로 사용되었다고 해석하기 어려운 경우도 있다.

(18) a) 堀様のことなど当方でお力になれると存じます。
(호리님의 일이라면 저희 쪽에서 힘이 될 수 있을 것으로 생각합니다)

b) 残余の質問は, 担当者からお答えを申し上げます。
(나머지 질문은 담당자로부터 대답을 말씀드리겠습니다)

(19) a) 色々と励ましのお言葉, ありがとうございます。
(여러 가지의 격려의 말씀, 감사합니다)

b) お言葉を返すようでございますが, 現在の我らの状況を省みますとその発言には賛同できません。
(말대꾸를 하는 것 같습니다만, 현재 우리의 상황을 돌이켜보면 그 발언에는 찬동할 수 없습니다)

「お＋명사」가 일체화되어 있어서 접두사를 분리할 수 없는 경우가 있다. 예를 들면 「お目見得」 「お目通り」 「お構い」와 같은 것은 「目見得」 「目通り」 「構い」라고는 실질적으로 사용할 수 없다. 접두사에 의해 생긴 이와 같은 용어는 이미 한 단어화되어 있기 때문에 접사로서의 기능이 엷어져 있는 것이라고 할 수 있다.

(20) a) ぜひともお目見得をいたしたいと, 当人も願っております。
(꼭 만나 뵙고 싶다고 당사자도 원하고 있습니다)

b) なんとか部長様にお目通りの機会をいただけて, 私に関する詳しいことを直かにお話申上げることができました。

(간신히 부장님을 뵐 기회를 얻어서, 저에 관한 상세한 것을 직접 말씀드릴 수가 있었습니다)

c) 何もお構いできなくて申し訳ありませんでした。
(아무런 대접도 못하고 죄송합니다)

겸양접두사로 기능하는 「お」는 체언에 나타나는 것이 보통이다. 그런데, 형용사나 형용동사에 나타나는 경우도 드물게 있다. 특히, 감정을 나타내는 형용사에 「お」를 붙이는 용법은 심심찮게 볼 수 있다. 예를 들면, 「懐かしい (그립다)」「羨ましい (부럽다)」「慕わしい (그립다)」「労しい (딱하다)」「気の毒だ (딱하다)」와 같이 대상으로 인간을 취하기 쉬운 것에 「お」를 붙이면 겸양어적인 용법이 된다. 공손어로 볼 수도 있다.

(21) a) まあ, お懐かしゅうございます。何年ぶりでございましょうか。
(어머, 반갑습니다. 몇 년 만일까요?)

b) お羨ましいですね。私も季節知らずのご身分にあやかりたい。
(부럽네요. 나도 계절을 신경 쓰지 않아도 되는 신분이 되고 싶어)

한국어에는 일본어의 「お · ご」와 같은 겸양접두사의 역할을 수행하는 성분이 없다. 따라서 일본어의 「お · ご」에 의한 겸양어는 그것을 한국어로 번역해도 겸양어가 되지 않는다. 예를 들면, 「お知らせ」는 「알림」, 「ご報告」는 「보고」와 같이 보통어로 표현할 수밖에 없다.

이상으로 일본어의 겸양어 I 에 대하여 살펴보았다. 겸양어는 일본어와 한국어에 존재하고 있지만, 어휘와 형태면 및 겸양표현의 운용

면에 관해서는 양언어 사이에 현저한 차이점이 관찰된다. 특정형을 가진 겸양어의 형태를 보면, 일본어에는 겸양동사가 다양하게 발달되어 있는데 비해 한국어는 몇 단어 밖에 없다.

일반형인 성분첨가에 의한 겸양어에 있어서는 양언어의 격차가 특히 크다. 일본어에는 겸양표현에 사용되는 성분이 매우 풍부하다. 즉 일본어에는 화자의 경의도(敬意度)에 의해 선택할 수 있는 겸양표현의 선택지가 다양하게 갖추어져 있다.

이에 비하여 한국어에서는 겸양표현을 위한 형식이 매우 빈약하다. 그래서 한국어에서는 특히 겸양성분1을 사용한 겸양표현을 하는 것 자체가 매우 적다. 그 결과로서, 일본어에서는 겸양표현이 가능한 경우에 있어서도 한국어에서는 표현이 불가능한 경우가 많이 있다. 일본어의 겸양표현을 한국어로 번역하려고 해도 번역할 수 없는 경우가 많은 것이다.

일본어의 겸양어 I 의 성분으로 사용되는 「お · ご」는 특히 존경성분 및 미화성분과의 차이를 잘 구분하여 적절하게 활용할 수 있도록 신경을 써야 한다.

제4장

청자를 상대적으로 높이는 겸양어Ⅱ(정중어)

1. 겸양어Ⅱ
2. 정중어

1. 겸양어Ⅱ

겸양어Ⅱ는 청자를 대우하는 겸양어이다. 겸양어Ⅱ에는 사실 두 가지의 종류가 있다고 볼 수 있다. 하나는 행위자를 낮춤으로 인해 청자를 높이는 겸양어로 기능하는 순수한 겸양어Ⅱ이다. 또 하나는 낮추어야 하는 행위자 없이 오로지 청자에 대한 정중함만을 나타내기 위하여 사용되는 것으로 이것이 정중어로서의 용법이다. 「경어의 지침」에는 따로 분류가 되어 있지 않고, 제목에서 보듯이 「겸양어Ⅱ(정중어)」로 되어 있어서 편리하게 사용하면 된다는 식으로 해석이 되지만, 원래는 구분하는 것이 정확하다.

따라서 본서에서는 이 두 가지를 분리하여 설명하기로 한다. 겸양어Ⅱ와 정중어를 묶어서 사용하는 것보다는 분리해서 이해하는 것이 경어를 깊이 있게 이해하는데 더욱 효과적이기 때문이다. 단, 교과서적으로는 겸양어Ⅱ와 정중어를 같은 것으로 취급하여도 별 문제는 없다고 볼 수 있다.

1.1 겸양어Ⅱ로 기능하는 용언

먼저 순수한 겸양어Ⅱ부터 살펴가기로 하자. 겸양어Ⅱ는 다음의 예에서 볼 수 있듯이 행위자를 낮춤으로 인해 상대적으로 청자를 높이는 겸양어이다.

(1) a) 私は来週横浜へ参ります。
(저는 다음 주에 요코하마에 갑니다)

b) 研修のまとめは私がいたします。
(연수의 정리는 제가 하겠습니다)

위의 예에서「参る」나「いたす」는 동작주인「私」를 낮추며, 동시에 청자를 높혀서 대우하는 형식이다. 이처럼 겸양어Ⅱ에서 낮출 수 있는 행위자는 화자나 화자측 인물이다.

용언의 특정형 중에서 겸양어Ⅱ로 기능하는 것에는 다음의 ①과 같은 겸양동사가 있다. 이들이 ②와 같이 보조동사나 형식동사 즉 일반형으로 사용되는 경우에도 겸양어Ⅱ로 기능한다.

① 申す · 参る · 存じる(存ずる) · いたす · おる
② ~ておる · ~てまいる · ~いたす

겸양어Ⅱ로 기능하는 동사의 구체적인 예를 들어보도록 하자. 본동사로 쓰이는 예와 보조동사 또는 형식동사로 쓰이는 예를 같이 제시하도록 한다.

【申す (もうす)】

→「言う」에 대한 겸양어Ⅱ로 사용한다. 보조동사로는 일반적으로 사용되지 않는다.

· 何回も申しますが, 私はそれが非常に好きです。

· 電気製品で我々が苦情を申しますと, それは品物の中に入れてある説明書にすべて書いてあります, こう業者は言うのです。

「申す」와의 복합어에는 아래의 ①과 같이 겸양성이 남아 있는 것과 ②와 같이 겸양성이 없어진 것이 있다. 겸양성이 남아 있는 ①은 「申し上げる」와 마찬가지로 겸양어Ⅰ로 기능하는 것이 일반적이다. ③과 같이 오히려 존경어로 해석해야 되는 경우도 있다.

① 申し伝える, 申し添える, 申し受ける, 申し遅れる, 申し兼ねる, 申し聞かせる, 申しつかる, 申し述べる, 申し開く
② 申し込む, 申し合わせる, 申し入れる, 申し送る, 申し立てる, 申し出る
③ 申し付ける, 申し越す

「경어의 지침」(2007:39)에는 다음과 같은 견해가 기술되어 있다.

> 「参る」나 「申す」는 겸양어Ⅱ에 해당하는 경어이다. 그러나 「御持参ください」, 「お申し出ください」, 「お申し込みください」 등과 같은 표현 안에 포함되는 「参る」나 「申す」는 겸양어Ⅱ로서의 기능은 가지고 있지 않다고 할 수 있다. 따라서 이런 종류의 표현을 「상대방 측」의 행위에 사용하는 것은 문제가 없다.

【参る (まいる)】

→「行く」 또는 「来る」에 대한 겸양어Ⅱ로 사용된다. 대자경어로서의 기능을 갖는 보조동사로서의 용법도 다용된다. 보조동사로서

는「~ていく」의 의미로도 쓰이지만「~てくる」에 대한 겸양성분으로 더 많이 사용된다. 겸양어적인 성격보다도 정중어적인 성격이 강하게 나타난다.

· 次に総合庁舎に参りまして, 各地方の被害状況の説明を聴取いたしました。
· 先般私も北海道まで調査に参りまして, そのとき該当地域の皆様方の大きな希望を聞いてまいったところでございます。

〈보조동사〉

：「~てまいる」 (<~てくる)

· 大切なお仕事におくれて参りまして,本当に申しわけございません。
· 早速家の近くのバス停から栄へ行ってまいりました！

위에서 본 바와 같이「경어의 지침」(2007:39)에는「御持参ください」에 있어서의「参る」는 겸양어Ⅱ로서의 기능을 갖고 있지 않기 때문에 2인칭자에게 사용해도 무방하다고 되어 있다. 필자도「持参する」는 이미 겸양성을 내포하고 있지 않다고 보고 있는데 많은 경어책자에「何々を持参してください (무엇 무엇을 지참해 주세요)」라는 표현에 있어서의「参る」는 원래 겸양어이기 때문에 청자에게는 쓸 수 없다고 논하고 있으니 주의가 필요하다. 예를 들면 니시무라사치코(西村幸子, 2008:56)는「持っていく」의 겸양어는「持参する」이기 때문에 이는 자신의 행동에만 사용할 것을 논하고 있다.

【おる】

→「いる」에 대한 겸양어로 사용된다. 보조동사로서의 용법도 빈번하게 사용된다. 단, 본동사나 보조동사나 방언에 따라서는 겸양어가 아니라 보통어로 사용되는 경우도 있다.

· わたしはいつもたいていは家におりますし, 出かけるといっても母とデパートに行く程度です。
· 主人は毎日帰りは遅いし, 休日も部活の指導や遠征で本当に１年中ほとんど家におりません。

〈보조동사〉

：「~ておる」（<~ている）

· そういうことを私どもは趣旨といたしておりますから, 御理解をいただきたいと思います。
· わが社は世界の珍しい雑貨を多くとりそろえて, 皆様をお待ち致しております。

〈단순한 문법적인 연결〉

→ 다음의 예에서 보는 바와 같이「~ている」의 중지법으로 사용될 때의「~ており」는 겸양어가 아니라「~てい」를 대신한 단순한 문법적인 활용이다.

· 日本武尊(やまとたけるのみこと)は景行天皇のころの人といわれており, はっきりした実在の年数はわからない。
· カウンター前の窓ぎわに狭いテーブルと椅子を配したビュフェ側の椅子がいくつか空いており, 腰を降ろす。

【いたす】

→「する」의 겸양어로 사용된다. 일반형으로 사용되는 형식동사「~いたす」는 주로「한자어+する동사」를 더욱 겸손하게 혹은 정중하게 표현할 경우에 사용되며,「~する」의 형태를 가진 동사에만 적용이 가능하다.「경어의 지침」(2007:28)에는 겸양어Ⅱ에 사용되는「일반적인 어형으로서는「~いたす」가 있을 뿐이다」라고 되어 있는데 보조동사도 생산적으로 사용되는 일반형이기 때문에 이 말에는 어폐가 있다. 겸양어Ⅱ(정중어)에도 보조동사로서의 용법을 가진 용어가 있고, 겸양어Ⅱ 혹은 정중어는 본동사보다도 보조동사로서의 용법이 더 일반적이기 때문이다.

· 恒久的にどのように処理するかを考えるべきだというふうに, 現在のところは判断をいたしているわけでございます。
· 御指摘の点は, 事実として私どもも承知をいたしております。

〈형식동사〉

：「~いたす」（<~する）

· お預かりしておりましたコピー機の修理が終了いたしましたので, 別便でお送りしました。
· 調査承認要求書を議長に提出いたしたいと存じますが, 御異議ございませんか。
· 私も野村の調査結果を勉強いたしております。

한편, 겸양어Ⅰ과 겸양어Ⅱ의 기능을 동시에 갖는 일반형으로서「お・ご~いたす」가 있다. 이것은 소재에 대한 겸양과 청자에 대한

겸양이 동시에 고려되는 표현인데, 겸양어Ⅱ의 성격이 더 강하게 나타난다.

· 今後ともよろしくお願いいたします。
· 会社からのお知らせをご案内いたします。

【存ずる (ぞんずる)】

→「思う」「知る」에 대한 겸양어로 사용된다. 화자의 행동에 대해 사용되며 보조동사로서의 용법은 존재하지 않는다.「知る」라는 의미의「存ずる」가 실제로 사용될 때는「知っている」의 겸양어Ⅱ로서「存じている (存じておる)」 구문이 된다. 부정형일 경우에는「存じていない」「存じない」의 구문으로「存じていません (存じておりません)」「存じません」의 형태로 사용된다.

「思う」 의 겸양어Ⅱ

· まことに悦ばしく存じます。
· 当然事業主体が諸般の準備をすることになろうかと存じます。

「知る」 의 겸양어Ⅱ

· 教育行政の現場ではかなりいろいろな工夫がされているということも, 私は存じております。
· ただいま御質問のありました問題は, 寡聞にしてまだ存じておりません。

【かしこまる, 承知する (しょうちする)】

→ 이것은 둘 다「分かる」에 대한 겸양어로서의 기능을 갖는다. 보조동사로서는 사용되지 않는다.「かしこまる」는 겸양어Ⅰ의 성격도 있으나, 현대어에서는 겸양어Ⅱ의 기능이 우선적이라고 할 수 있다.

· かしこまりました。しばらくお待ちください。
· 原産地の表示を義務化することの要望が出ていることは承知しております。

【頂戴する (ちょうだいする)】

→「もらう」의 겸양어Ⅱ로 기능하는 경우가 있고 특히「食べる · 飲む」의 겸양어로 사용할 때는 겸양어Ⅱ로 기능한다.

· 全部で五千円ちょうだいいたします。
· もう十分ちょうだいしました。
· 大層おいしくちょうだいしました。

이상에서 본 바와 같이 겸양어Ⅱ로 기능하는 용언의 겸양어는 그 종류가 비교적 많지 않다. 그러나 현대경어의 대자경어화현상과 더불어, 그 기능과 사용빈도에 있어서는 겸양어Ⅰ에 뒤지지 않는 점이 있다. 대자경어화현상이란 경어의 기원인 소재경어보다도 눈앞에 있는 상대방을 먼저 고려하여 경어를 사용하는 현대인의 경어사용 현상을 일컫는 말이다.

겸양어Ⅱ는 겸양어Ⅰ과는 다른 문체적인 특징이 있다. 겸양어Ⅱ는

행위자를 낮추고 청자를 높여서 대우하는 겸양어이기 때문에 일반적으로 문말에 쓰이며 항상「ます」와 더불어 쓰인다는 것이다. 따라서 문말에서「ます」가 없을 경우에는 다음과 같이 일반적으로 문이 성립하지 않는다. 한국어 해석에 현혹되지 말고 일본어 문장을 보기 바란다.

(2) a) *そのことは会長に申した。
(그것은 회장님에게 말했다)

b) *妹が田舎から上京してまいった。
(여동생이 시골에서 상경하였다)

이와 같은 현상이 발생하는 이유는 겸양어Ⅱ가 청자를 대우하는 겸양어인데 청자를 대우하는 가장 기본적인 대자경어인「ます」가 없기 때문이다. (2a)의 경우에「申す」 대신에 겸양어Ⅰ인「申し上げる」를 사용하여「そのことは会長に申し上げた (그 것은 사장님께 말씀드렸다)」라고 하면「申し上げる」가 소재의 인물인「会長」를 대우하는 형태가 되기 때문에 훌륭한 경어표현이 되는 것이다. (2b)는 소재의 인물이 내부의 하위자이기 때문에 소재의 인물을 고려할 필요가 없다. 따라서 청자만을 고려하여「妹が田舎から上京してまいりました。(여동생이 시골에서 상경하였습니다)」라고 하면 문장이 성립하게 된다.

여기에서 겸양어Ⅱ의 또 다른 특징을 살펴볼 수 있다. 일반적으로 겸양어Ⅱ는 청자가 상하관계(上下関係)의「상(上)」 혹은 친소관계(親疎関係)의「소(疎)」의 관계에 있는 인물에게 주로 사용된다고 하는 점이다.

겸양어Ⅱ가 겸양어Ⅰ과 가장 크게 다른 점은, 겸양어Ⅱ에는 청자를 높이 대우하는 기능은 있지만 소재의 인물을 높이는 기능은 없다는 것이다. 따라서 겸양어Ⅱ를 사용할 경우에는 다음과 같이 소재의 인물이 화자측 인물이어도 상관이 없게 된다.

(3) a) PTAのことについては父にも申しておきます。
(PTA에 대해서는 아버지에게도 얘기해 두겠습니다)

b) 私はこの間母に北海道を案内いたしました。
(저는 요전에 어머니에게 홋카이도를 안내하였습니다)

(4) a) *PTAのことについては父にも申し上げておきます。
(PTA에 대해서는 아버지에게도 말씀드려 두겠습니다)

b) *私はこの間母に北海道をご案内しました。
(저는 요전에 어머니에게 홋카이도를 안내해 드렸습니다)

(3)에 쓰인「申す・案内いたす」는 행위자를 낮춤으로 인해 청자를 배려할 뿐이다. 즉 소재의 인물인「父・母」를 높이는 표현이 아니기 때문에 올바른 표현이 된다. 만약에 여기에 (4)와 같이 겸양어Ⅰ인「申し上げる・ご案内する」를 사용하면 겸양어Ⅰ의 기능에 의해 높이는 인물이 소재의 인물인「父・母」가 되기 때문에 부적격문(不適格文)이 된다.

이와 같이 겸양어Ⅱ의 경의의 대상은 청자이다. 존경어와 겸양어Ⅰ이 화제의 인물에 대한 경어인데 비하여 겸양어Ⅱ는 청자에 대하여 경의를 나타내는 대자경어인 것이다. 그렇기 때문에 존경어와 겸양어를 묶어서 소재경어라 하고, 공손어 만을 대자경어라고 하는 분류법에 문제가 제기되는 것이다. 겸양어에는 기본적으로 두 종류가 있다는 것을 확실히 인식할 필요성이 있다.

겸양어Ⅱ의 경의의 방향이 화자에서 청자라는 점에서는 공손어와 일정 부분 성격이 닮아 있다. 그러나 두 가지가 동일하지는 않다. 왜냐하면, 겸양어Ⅱ는 높여야 되는 청자나 상위자를 동작주로 하여 다음과 같이 표현할 수는 없기 때문이다.

(5) a) *先生も今回の合宿に参加いたしますか。
(선생님도 이번 합숙에 참가합니까?)

b) *社長も明日沖縄に参りますか。
(사장님도 내일 오키나와에 갑니까?)

여기에서 겸양어Ⅱ와 공손어의 차이가 확실하게 나타난다. 공손어가 어떠한 화제이든 관계없이 사용할 수 있는데 비해, 겸양어Ⅱ는 그럴 수가 없다는 것이다. 겸양어의 기본적인 기능이 화자가 경어적 일인칭자를 낮추어서 대우하는 성질을 갖고 있기 때문이다. 그와 같은 성질이 지금도 남아 있기 때문에 겸양어Ⅰ이든 겸양어Ⅱ이든 청자나 상위자를 동작주로 하여 사용할 수가 없는 것이다.

1.2 체언의 겸양어Ⅱ

겸양어Ⅱ로 사용되는 특정어형의 겸양체언은 겸양어Ⅰ보다는 많다. 겸양체언은 일본어와 한국어 양언어에 존재하지만, 겸양체언에 관해서도, 일본어가 한국어보다 비교적 풍부하게 갖춰져 있다. 먼저 다음과 같은 명사를 보도록 하자.

【者(もの), 私(わたし·わたくし), てまえ(手前)】

「者(もの)」는「人」에 대한 겸양어로 기능한다.「人(ひと)」는 보통어이지만 상대경어법(相対敬語法)의 발달에 의해 극히 일반적인「人」를 화자에게는 적용할 수 없다.「もの」와 대비되기 때문이다. 예를 들면, 다음의 (6a)와 같이는 표현하지 않고 (6b)와 같이 표현해야 하며, (7a)라고는 하지 않고 (7b)와 같이 표현해야 되는 것이다. 한국어는 겸양어가 발달되어 있지 않기 때문에 아래의 각 문장을 한국어로 번역하면 같아져 버리니 주의가 필요하다. 그렇다고 하여「사람」을「자(者)」나「놈」이라고 할 수도 없는 노릇이기 때문이다.

(6) a) *私は田中と申す人でございます。
(저는 다나카라고 하는 사람입니다)

b) 私は田中と申す者でございます。
(저는 다나카라고 하는 사람입니다)

(7) a) *私はそういう男の人です。
(저는 그런 남자입니다)

b) 私はそういう男です
(저는 그런 남자입니다)

체언(명사류)의 경우, 특정어형을 가진 겸양체언은 그 대부분이 겸양어Ⅱ로 기능한다. 다음의 예를 보도록 하자.

【父 (<お父さんに 대한 겸양어), 母 (<お母さん), 兄 (<お兄さん), 姉 (<お姉さん), 妹 (<妹さん), 弟 (<弟さん), 伯父·叔父 (<おじさん), 伯母·叔母 (<おばさん), 祖父 (<おじいさん), 祖母 (<おばあさん)】

주의해야 할 점이 있다. 이와 같은 겸양체언이 항상 겸양체언으로 기능하는 것은 아니라는 것이다. 부모 · 형제자매 등을 나타내는 단어는 문맥에 의해 보통어로도 겸양어로도 기능하기 때문이다.

예를 들면, 다음 (8)의「おじ」「妹」는 보통어로 사용된 것이다. 이에 비해 (9)의「おじ」「妹」는 겸양어로 기능하고 있다. 다른 경우도 마찬가지이다.

(8) a) 太郎はおじの所で通っている。
(다로는 삼촌 집에서 다니고 있다)

b) 田中さんには妹が二人いる。
(다나카씨는 여동생이 둘 있다)

(9) a) おじは出張からまだ帰っておりません。
(삼촌은 출장에서 아직 돌아오지 않았습니다)

b) 私には妹が二人おります。
(저는 여동생이 둘 있습니다)

이런 경우에는 대자경어「ます」가 크게 기여하고 있다. 이들 용어가 대자경어로 사용되는 겸양어Ⅱ라는 점에서 체언의 경우에도「ます」의 사용은 거의 필수조건이라고 할 수 있는 것이다. 즉,「です · ます」의 동반과 더불어 겸양어Ⅱ로서의 기능이 부각되는 것이다.「息子 · 娘」「孫 · 孫娘」 등도, 상황에 따라 보통어로도 겸양어로도 기능한다.

위에서 보는 것처럼, 일본어에는 친족용어에 겸양체언이 많이 발달되어 있다. 이것은, 상대경어법의 발달과 무관하지 않다. 내부인(身内の者)을 외부인(ヨソの者)에게 표현할 때에 겸양체언이 필요불가결한 요소였기 때문으로 풀이된다.

겸양체언이 겸양어Ⅱ로 기능하는 전형적인 예는 겸양자칭대명사「私(わたくし)」에 나타난다. 다음의 두 문장을 비교해 보자.

(10) a) わたくしは先生にお手紙を差し上げました。
(저는 선생님께 편지를 드렸습니다)

b) 俺は先生に手紙を送ったぞ。
(나는 선생님한테 편지를 보냈어)

(10a)에서「わたくし」를 사용하고 있는 것은, 소재의 인물인「先生」가 경의를 나타내야만 하는 인물이기 때문이 아니라 청자를 고려해서 사용된 것이다. 보통, 겸양어로서의「わたくし」라는 말을 듣는 순간에 문말에「です · ます」가 연상되는 것도「わたくし」가 청자를 배려하고 있다는 것을 알 수 있다. (10a)에서 화제의 인물에 대한 경어는「お手紙 · 差し上げる」이며, 청자에 대한 경어는「わたくし · ます」이다. 이에 비하여, (10b)의「俺」의 경우에는 문말에「です · ます」가 나타날 기대도가「わたくし」에 비하여 훨씬 낮다.

한자어에 의한 겸양어형을 살펴보자. 한자어에 의한 겸양어도 특정형과 일반형으로 나눌 수가 있다. 그러나 두 가지의 구별은 명확하지 않다. 예를 들면,「拝観する · 拝聴する · 拝見する」와 같은 단어는「観る · 聴く · 見る」에 대한 특정어형으로서의 겸양어로 취급할 수도 있겠지만, 겸양성분「拝」의 첨가에 의한 겸양어라고도 해석할 수가 있기 때문이다. 마찬가지로,「進呈する(<やる · あげる)」「進上する(<贈る)」 등도 한자어에 의한 겸양동사라고도, 겸양접두사「進」이 붙은 합성어라고도 할 수 있다. 이와 같은「進」이나「拝」등

이 붙은 단어는 접사가 붙은 특정어형이라고도 할 수 있는 것이다.

「愚息·粗品」 등의 명사에 붙는 「愚」「粗」 등에 대해서도 같은 해석을 할 수가 있다. 이들은 한자의 의미 분석에서 봤을 때는 접사로서의 기능이 농후하지만, 접사를 제외하면 일반적으로 사용할 수가 없기 때문에 특정어형으로 볼 수도 있는 것이다.

접두사 「お·ご」를 첨가한 명사는 겸양어Ⅰ로 기능하는 것을 앞장에서 살펴보았다. 「拝·進」 등이 붙어서 일체화되어 동사성을 가진 용어도 겸양어Ⅰ로 기능함을 보았다.

이들을 제외한 한자접두사에 의한 체언의 겸양어는 겸양어Ⅱ로 기능한다. 즉, 「愚息·粗品·拙稿·小生·弊社」와 같은 한자접두사에 의한 체언은 겸양어Ⅱ로 기능하는 것이다. 「拙者」와 같은 예도 있으나, 이것은 현대어에서는 별로 사용되지 않는다.

이와 같이, 체언에 첨가되는 겸양성분에는 일본어와 한국어에서 비슷하게 사용되는 한자접두사가 있다. 다음에 제시한 것은 겸양접두사에 의해 일체화되어 겸양어Ⅱ로 기능하는 명사의 예이다. 이 밖에도 한자접사에 의한 겸양어는 더 있을 수 있다.

(11) a) 【愚】 愚生, 愚拙, 愚兄, 愚見, 愚息, 愚作
b) 【粗】 粗品, 粗餐, 粗茶, 粗肴, 粗飯
c) 【拙】 拙者, 拙稿, 拙文, 拙作, 拙著, 拙筆
d) 【小】 小官, 小生, 小店, 小論, 小社
e) 【弊】 弊校, 弊社, 弊店, 弊屋, 弊国
f) 【寡】 寡妻, 寡聞, 寡君, 寡人, 寡臣
g) 【卑】 卑官, 卑職, 卑見, 卑説, 卑人
h) 【微】 微官
i) 【寸】 寸志

이와 같은 용어는 대부분이 접사를 포함한 한자 2음절어로 되어 있고, 이미 한단어화되어 있다고도 할 수 있다.「お・ご」에 의한 겸양어Ⅰ과는 성격이 다른 것이다. 즉, 접사가 단어의 일부가 되어 있어서, 그것을 분리해서는 사용할 수 없게 되어 있다.「お話・ご報告」등,「お・ご」에 의한 것은 그것을 분리해도 사용할 수 있는 것과 대비된다. 이러한 점에서, 이들은 이미 한 단어라고 할 수 있기 때문에 접사의 첨가에 의한 것으로 취급하는 데에 저항이 있을 수도 있다. 그러나 한자의 의미로 봐서 접사로서의 공통성이 보이기 때문에, 접사에 의한 겸양어로 간주한다고 해서 문제될 것은 아니다.

한자접사에 의한 이와 같은 겸양어는 일본어와 한국어에서 거의 같은 기능을 가지고 사용되는데, 그 대부분의 사용빈도는 낮다. 실제로, 현재는 거의 사용되지 않고, 서간문이나 특수한 인사문 등에서 그 흔적을 볼 수 있을 정도의 용어도 있다. 문장체적인 성격이 강한 이들 용어는, 대화체 쪽으로 용어변환이 권장되기도 한다.

단, 이들 중에는 실제로 상대방에 대한 겸양성과 정중성을 동시에 표현하고자 할 때에 꽤 높은 빈도로 사용되는 용어도 있다.「愚息, 粗品, 拙稿, 小生, 弊社」등이 그와 같은 예이다. (11)에 제시한 모든 용어와 마찬가지로 이와 같은 용어는 청자에의 배려를 전제로 사용되는데, 거기에는 화자의 청자에 대한 겸양의 의미도 내포되어 있다. 다음의 (12)와 같은 예를 보면, 청자에 대한 정중함뿐만 아니라, 일인칭자를 겸손하게 표현하고자 하는 겸양의 뜻도 확실히 느껴지기 때문이다. 따라서 이들은 겸양어Ⅱ로 기능하고 있는 것이다.

(12) a) <u>愚息</u>は中二の問題傾向の強い子で学校に親が呼び出されたり，家庭訪問を受けたりしています。

(아들은 중2의 문제 경향이 센 녀석이어서 학교에 부모가 호출 받거나 가정방문을 받거나 하고 있습니다)

b) 先日のお取り寄せで可愛かった空き箱に，ちょっとした粗品を詰めてお届けします。

(지난번의 주문에서 귀여웠던 빈 상자에 조그마한 물건을 담아 보내드리겠습니다)

c) 記者の皆様方に拙稿に対する丁寧なアドバイスを頂きました。

(기자 여러분들에게 졸고에 대한 세심한 어드바이스를 받았습니다)

d) 明日，早速ロンドンに向かい，小生の抱いた疑問を晴らそうと思っております。

(내일 곧바로 런던에 가서 소생이 품고 있는 의문을 풀고자 합니다)

e) 弊社では部品番号でお問い合わせの場合は，10% OFFにてお見積りしております。

(저희 회사에서는 부품번호로 문의해 주신 경우는 10% 저렴하게 견적하고 있습니다)

일본어에는 겸양어Ⅱ로 기능하는 접미사도 얼마간 갖추어져 있다. 예를 들면「ども (私ども＝わたくしども)」「め (せがれめ)」「儀 (私儀＝わたくしぎ)」「こと (私こと＝わたくしこと)」와 같은 것이다.

(13) a) 熱帯魚に興味がある方はぜひ一度，私どものお店においで下さい。

(열대어에 흥미가 있는 분은 꼭 한 번 저희들 가게로 와 주세요)

b) さて，私儀，このたび千住営業所の新任所長を拝命し，さる四月十日付をもって着任いたしました。

(그건 그렇고, 저는 이번에 센주영업소의 신임소장을 명 받아, 지난 4월 10일부로 부임하였습니다)

c) 私こと, このたび取締役会議の決議により○○工業株式会社の専務取締役に就任いたしました。

(저는 이번에 중역회의의 결의에 따라 ○○공업주식회사의 전무이사로 취임하였습니다)

겸양어Ⅱ로 기능하는 한국어의 겸양체언은 그 종류가 매우 적다. 해당하는 단어는「저」「아범(=애비), 어멈(=애미)」「자식, 여식」정도이다. 접미사의 경우,「놈 · 녀석」등을 화자측에 사용하면 겸양접미사로 기능하는 수가 있지만, 일반적이지는 않다.

2. 정중어

정중어는 겸양어Ⅱ의 특수한 기능이라고 할 수 있다. 겸양어Ⅱ는 기본적으로 듣는 사람에 대하여 겸손한 의미로 사용되는 겸양어이다. 즉 행위자를 낮춤으로 인해 청자를 배려하는 용법이다.

그러나 겸양어Ⅱ에는 주어의 겸손함 없이 듣는 사람을 배려하는 기능만을 가진 정중어로서의 용법이 있다. 겸양어Ⅱ 중에서, 행위자가 겸손해야 할 특정인물로 나타나는 것이 아니라, 자연현상이나 물리적인 현상 등을 나타내는 경우의 용법이 정중어로서의 용법이다.

겸양어Ⅱ는 기본적으로 겸양하는 인물이 행위자가 되는데 비하여, 정중어는 행위자가 불특정다수이거나 제삼자, 혹은 인간이 아닐 때 사용하는 것이다. 두 가지를 같은 것으로 취급하는 경우도 있지만, 기능을 엄밀하게 살펴보면 겸양어Ⅱ와 정중어는 구분해서 생각하는 것이 편리하다는 것을 알 수 있다.

용어는 겸양어Ⅱ와 같다. 다음과 같은 문장에서의「まいる・~いたす」는 주어의 수용자(受け手)에 대한 겸양의 기능은 없고, 오로지 청자에게 정중한 태도를 보이기 위하여 사용된 것이다.

(1) まもなく横浜行きの電車がまいります。
(곧 요코하마행 전철이 들어오겠습니다)

(2) ロンドンオリンピックには多くの国と地域から選手団が参加いたしました。
(런던올림픽에는 많은 국가와 지역에서 선수단이 참가하였습니다)

예문에서와 같이 주어가 특정인물을 나타내지 않고, 일반현상을 나타내는 경우에 사용되는 것이 순수한 정중어로서의 용법이다. 여기에 쓰인 단어가 주어와 관계없이 사용되는 것은 (1)과 같은 표현에서 확인할 수가 있다. (1)에서의「まいる」는 주어에 대한 겸양의 의미는 전혀 존재하지 않고, 청자 즉 문장에 나타나 있지 않은「손님」에 대한 경의 또는 정중함을 나타내기 위한 것이라는 것을 쉽게 알 수가 있다. 만일 이것을 순수한 겸양어Ⅱ와 같이 주어를 겸양하는 문장으로 해석하게 되면 겸양하는 주체가 주어인「電車」가 되어 버린다. 따라서, 여기에 사용된「まいる」는 주어의 겸양성이 없는 정중어로 해석해야 하는 것이다.

이와 같은 이유에 의해 필자는 겸양어Ⅱ와 정중어를 구분하여 해석할 것을 주장하고 전자를 대자성겸양어, 후자를 정중어라고 칭하고 있다. 그러나「경어의 지침」에서는 겸양어Ⅱ의 괄호 안에 정중어를 넣어「겸양어Ⅱ(정중어)」라는 식으로 한 묶음으로 정해졌다. 따라서 겸양어Ⅱ와 정중어를 동일시하는 경우도 있다는 것을 이해해 둘 필요도 있다.

겸양어Ⅱ의 정중어로서의 용법의 예를 들어보도록 하자. 예를 보면 주어의 겸양성이 없기 때문에 겸양어라고 하는 데에 무리가 있음을 느낄 수 있을 것이다.

【まいる, ~てまいる】

· いよいよトップスリーの順位を発表するときがまいりました。
· 土地利用との調整というようなことになってまいりますと, これはただ単に建設費が安ければよいということではございません。

· そして杉, ヒノキ等々を植えますと, 今度は非常に成長量の高いものになってまいります。
· 次のページへ参りまして上から二行目でございます。
· 教授にはあの裏口の外で待機願うわけには参りませんでしょうか?
· 日本の文化を仔細に見て参りますと, 日本民族性がよく解るのであります。
· 樹木から離れる葉の一枚にも涙する秋の季節が, また巡って参りました。

단, 같은「まいる」가 사용되었더라도 다음과 같이「질리다」「어쩔 수가 없다」와 같은 뜻으로 사용되는「まいる」는 의미가 다르기 때문에 정중어가 아니다.

(3) a) 梅雨とはいえ, 毎日, こんなお天気じゃ, 洗濯物がほせなくて, まいっちゃうわ。
(장마라고는 하지만 매일 이런 날씨로는 빨래를 널 수도 없으니 너무 힘들어)

b) もうわがままでさあ。まいっちゃったよ。ああいう状態の女って手に負えないよな。
(너무 제멋대로여서 말이야. 질렸어. 그런 종류의 여자는 감당할 수가 있던 말이야)

【おる, ～ておる】

· 無人島といえども, 日本中の土地や島は国または民間の所有権者がおりますから, その島の管理者や所有者の許可が必要です。
· ただいま電話が大変混み合っております。しばらく経ってからおかけ直しください。
· 作者は実に周到にここで状況を設定しております。

위의 예에서「電話が ~ております」의 주어가 겸양할 수 있는 존재가 아니기 때문에 이때의「おる」는 정중어라는 것을 쉽게 알 수 있다. 그런데「作者は ~ております」에서는 구문상으로 인간인 주어가 설정되어 있다. 그러나 이때도 주어의 겸양은 전혀 고려되지 않고 오로지 청자만을 위해「おる」가 쓰인 것을 이해할 수 있다.

【いたす, ～いたす】

· どこからか真夜中に鋭い音がいたしました。
· なにやら, 表の方で人の声がいたします。
· 仮に私立大学が全部参加いたしますと, その事務処理といいますか試験処理に何日もかかることになります。

【もうす】

· わたくしの父は兵庫県にある豊岡ともうす町で生まれました。
· 世間では「袖すり合うも他生の縁」ともうします。
· それからどちらかと申しますとこれも間接管理と申しますか, そういう事務管理というようなものがございます。
· 中国式の食事は, 共卓型ともうしますか, みんなでテーブルをかこんで, そこに大皿にのった料理がでてくるんです。

겸양어Ⅱ(정중어)는 원칙적으로 문말에 나타나지만, 그들이 문중에서「ます」를 동반하여 연체수식형 등으로 사용되는 경우도 적지 않다.

(4) a) さっき申しましたこととダブるような部分もないわけではございませんが, 一応項目別にまとめておきました。
(아까 말씀드린 것과 겹치는 부분도 없잖아 있습니다만, 일단 항목별로 정리해 두었습니다)

b) こういうことになってまいりますと先ほど申しましたような対応になろうかと思うわけでございます。

(이렇게 되면 아까 말씀드린 것과 같은 대응이 될 것이라고 생각합니다)

c) 結構涼しくなってまいりましたので缶コーヒーの役目も終わりつつあります。

(꽤 시원해졌기 때문에 캔커피의 역할도 끝나가고 있습니다)

d) この点につきまして参議院の決議も付されておりますことを，重々承知してございます。

(이 점에 대해서 참의원의 결의도 첨부되어 있다는 것을 충분히 알고 있습니다)

이와 같은 경우에는「さっき申したこと」「こういうことになってまいると」「先ほど申したような」「涼しくなってまいったので」「付されておること」와 같이는 보통 표현하지 않는다.

정중어의 역할을 하는 동사 이외의 용어에 대하여 살펴보자. 격식을 차려서 표현해야 할 상황에서는 일상생활에 있어서 보편적으로 사용하는 표현을 사용하지 않고, 같은 뜻의 다른 용어를 사용하는 경우가 있다.

다음과 같은 용어를 보도록 하자. 예를 들어「一昨日」를「おととい」로 읽을 수도 있고「いっさくじつ」로 읽을 수도 있는데「おととい」가 일반적인 읽기이고 격식 차린 장면에서는「いっさくじつ」로 표현한다는 것이다.

「一昨日(いっさくじつ)」	(< おととい 에 대한 정중표현)
「昨日(さくじつ)」	(< きのう)
「昨夜(さくや)」	(< ゆうべ)

「本日(ほんじつ)；今日(こんにち)」 (< きょう)
「明日(みょうにち)」 (< あす；あした)
「明朝(みょうちょう)」 (< あしたの朝)
「明晩(みょうばん)」 (< あしたの夜)
「明後日(みょうごにち)」 (< あさって)
「一昨年(いっさくねん)」 (< おととし)

격식 차린 장면에서 사용하는 이와 같은 용어는 전부 한자어식 읽기라는 것을 알 수 있다. 이것은 한자어에 의한 표현이 고유어에 의한 표현보다 정중하다고 인식되어 있다는 것을 나타내는 것이기도 하다. 이점에서는 한국어에서의 인식과 흡사한 점이 있다. 이와 같은 한자어의 음독에 의한 표현은 정중한 인식하에서 사용된다는 의미에 있어서 일종의 정중어라고 할 수 있다.

(5) a) 昨夜, ヤフーのフリーメールで, 新しいアドレスを作ったのですが, 何処にあるかわかりません。
(어젯밤, 야후의 프리메일에서 새 어드레스를 만들었는데, 어디에 있는지 모르겠네요)

b) 本日は, 御多用中のところ本委員会にご出席いただきまして, まことにありがとうございます。
(금일은 다망하신 중에 본 위원회에 출석해 주셔서 정말로 감사드립니다)

c) 明朝, こちらで会議がありますので, それをすませて, 東京へは四時頃になります。
(내일 아침, 이쪽에서 회의가 있기 때문에, 그것을 마치고, 도쿄에는 네 시경이 되겠습니다)

d) お刺身用のが安かったので昨夜からチルドに入れてますが, 明晩に食べるのならどうしたほうが安全ですか？

(횟감이 싸서 어젯밤부터 저온 냉장실에 넣어두었는데요, 내일 밤에 먹으려면 어떻게 하는 것이 안전할까요?)

같은 대명사라고 하더라도 장소나 물건을 직접적으로 지정하기보다는 방향을 나타내는 말을 사용하여 우회적으로 표현하는 것이 더 정중한 느낌을 준다. 따라서 이와 같이 방향을 나타내는 용어도 정중어라고 할 수 있다. 즉,「ここ・そこ・あそこ・どこ」또는「これ・それ・あれ・どれ」에 비하여「こちら・そちら・あちら・どちら」가 더 정중한 표현으로 인식되어 있다. 이것은 장소나 물건을 지정하기보다 방향을 나타냄으로 인한 일종의 완곡(婉曲)한 표현이라고 할 수 있다.

(6) a) ヤフーブログは重たいのでこちらからご覧ください。
(야후 블로그는 답답하니까 이쪽에서 봐 주세요)

b) 希望価格も設定していますので良かったらそちらでお願いします。
(희망가격도 설정하고 있으니까 괜찮으시다면 그쪽에서 부탁합니다)

c) 今日はあちら側にも手間をかけさせてしまっております。
(오늘은 저쪽 측에도 수고를 끼치고 있습니다)

d) 寒暖差が激しいのでどちら様も風邪など体調にはお気をつけ下さい。
(한란차가 심하니까 어느 분이든 감기 등 컨디션에 주의해 주시기 바랍니다)

다음과 같은 부사형의 정중어도 존재한다.「どう」에 대한「いかが」,「さっき」에 대한「さきほど」,「どれほど」에 대한「いかほど」,「すこし・ちょっと」에 대한「少々」등은 후자가 정중한 표현으로 인식되어 있다.

(7) a) 初参加の皆様いかがだったでしょうか？
(처음으로 참가하신 여러분, 어떠셨습니까?)

b) さきほど言ったように, 私は当時, 学生の党組織の一員でした。
(아까 얘기한 대로, 저는 당시에 학생 당 조직의 일원이었습니다)

c) 成功報酬はいかほどになるでしょうか
(성공 보수는 얼마 정도가 될까요?)

d) 一番大事な日焼け止めは, 少々高くてもいいものを使いたいと思ってます。
(가장 중요한 햇볕 그을림 방지 크림은 약간 비싸더라도 좋은 것을 쓰고 싶다고 생각하고 있습니다)

이상, 겸양어Ⅱ(정중어)에 대하여 살펴보았다. 겸양어Ⅱ(정중어)는 「경어의 지침」에서 한 묶음으로 되어 있지만, 엄밀히 말하면, 겸양어Ⅱ와 정중어는 구분하여 이해하는 것이 훨씬 더 유용하다.

겸양어Ⅱ는 행위자를 낮춤으로 인해 청자를 높이는 겸양어로 기능하는 것이다. 겸양어Ⅱ에 속하는 겸양동사의 종류는 별로 많지는 않지만 현대경어의 대자경어화현상과 더불어 그 사용빈도는 매우 높고, 그 기능과 역할은 매우 중요하다고 할 수 있다. 겸양동사의 다양한 기능과 더불어, 일본어는 상대경어법의 발달에 의해 겸양어Ⅱ로 기능하는 겸양체언이 친족용어에 많이 발달되어 있다고 하는 특징을 찾아볼 수 있다.

정중어는 겸양어Ⅱ가 낮추어야 하는 행위자 없이 오로지 청자에 대한 정중함만을 나타내기 위하여 사용되는 것이다. 동사뿐만 아니라, 명사나 대명사, 부사에서도 정중어로서의 용어와 용법을 살펴볼 수 있다. 일상생활에서 활용도가 매우 높으므로 확실하게 이해를 해 두는 것이 좋다.

제5장

청자를 직접 배려하는 공손어

1. 공손어의 종류
2. 일본어의 문체
3. 여러 가지 종류의 공손표현

1. 공손어의 종류

청자를 플러스 대우하기 위한 경어가 대자경어이다. 대자경어에는 청자에 대한 겸양어인 겸양어Ⅱ와 정중어도 포함이 되지만, 가장 기본적인 대자경어는 공손어(丁寧語)이다. 「丁寧語(ていねいご)」를 「정중어」로 번역하는 경우도 있지만, 그렇게 되면 일본어의 「丁重語(ていちょうご)」와 구분이 안 되기 때문에 「공손어」가 더욱 적절하다고 생각한다.

본장에서는 가장 기본적인 대자경어인 공손어(丁寧語)와 공손어의 일종으로 청자를 특별히 높여서 대우하고자 하는 특별공손어(特別丁寧語)를 중심으로 각종 공손표현에 대하여 살펴보도록 한다.

1.1 공손어

공손어(丁寧語)는 화자가 대화나 문장의 상대방에 대해 공손하게 대우하는 경어이다. 청자를 직접 높여서 대우하는 경어이며, 해당하는 단어는 「です · ます」와 그 변화형이 주체를 이룬다. 「です · ます」는 공손표현을 위한 가장 범용적인 어형이다.

다음의 기본형과 「です」형을 비교해 보면, 명사에 「だ」를 붙인 형태나 형용사 기본형에 대비된 「です」, 또는 조동사의 기본형에 대비된 「です」는 모두 문중에 나타나 있지 않은 상대방 즉 청자를 높여서 대우하는 기능을 갖는다.

(1) a) これは敬語の本だ。(이것은 경어 책이다)

⇒ これは敬語の本です。(이것은 경어 책입니다)

b) 日本は韓国より大きい。(일본은 한국보다 크다)

⇒ 日本は韓国より大きいです。(일본은 한국보다 큽니다)

c) このあたりは静かだ。(이 부근은 조용하다)

⇒ このあたりは静かです。(이 부근은 조용합니다)

d) 僕も行きたい。(나도 가고 싶다)

⇒ 僕も行きたいです。(나도 가고 싶습니다)

(1b)의「おおきいです」와 같이「イ형용사」에「です」를 붙이는 형태에 대한 논란이 있어 왔으나 현대어의 화자에 있어서는 저항이 없을 뿐만 아니라 사용하지 않으면 오히려 문제가 되기 때문에 이 논란은 이미 의미가 없는 사안이다.

「ます」는 동사에 접속하여 상대방을 공손하게 대우할 경우에 사용된다.

(2) a) 今から発表を始める。(지금부터 발표를 시작한다)

⇒ 今から発表を始めます。(지금부터 발표를 시작하겠습니다)

b) 先生が今話している。(선생님이 지금 이야기하고 있다)

⇒ 先生が今話しています。(선생님이 지금 이야기하고 있습니다)

c) 大野君のお父さんがこの本を下さった。
(오노군의 아버님이 이 책을 주셨다)

⇒ 大野君のお父さんがこの本を下さいました。
(오노군의 아버님이 이 책을 주셨습니다)

「です · ます」는 기본적으로 소재의 인물과는 관계없이 청자만을 배려하여 사용되는 용어이지만 문장 안에 등장하는 인물과 청자

가 동일인물인 경우도 많다. 이때는 다음과 같이 문장 안에 등장하는 인물에 대한 대우와 청자에 대한 대우가 일치한다.

(3) a) 先生, 今回の合宿に先生も参加しますか。(聞き手 : 先生)
(선생님, 이번 합숙에 선생님도 참가합니까?)

b) 社長, 6時から晩餐会が行われる予定です。(聞き手 : 社長)
(사장님, 6시부터 만찬회가 행해질 예정입니다)

c) 皆さん, こちらが上野公園です。(聞き手 : 皆さん)
(여러분, 여기가 우에노공원입니다)

이와 같이 「です · ます」는 주로 문말에 쓰여서 상대방에 대한 공손함을 표현하며, 그로 인하여 청자에 대한 경의를 나타내는 것이다. 가장 순수한 대자경어라고 할 수 있다.

공손어는 오로지 청자에 대한 직접적인 경의의 표시방법이라고 일반적으로 정의된다. 이 점은 한국어에서도 그다지 다르지 않다. 일본어의 「です · ます」에 해당하는 「입니다 · 습니다」도 청자에 대한 직접적인 공손함을 나타내는 것으로, 가장 일반적인 대인관계 유지의 기능을 하는 것이다.

단, 「です · ます」에는 특별히 경의가 의식되지 않는 경우가 많다고도 할 수 있다. 경어로서 보다는 사회적인 관계 유지를 위하여 사용되는 경우가 많기 때문이다. 경의(敬意)보다는 상대방이 나이가 좀 많다든가 심리적인 거리가 있다든가, 발표회장 등에서 격식을 차릴 필요가 있는 경우 등에 사용되는 경우가 그와 같은 경우이다.

그런 의미에 있어서 경어를 대신하는 「예어(礼語)」라든지 「사교경

어(社交敬語)」와 같은 용어의 제안도 일리가 있기는 하다. 이런 점을 종합하여 「공손어는 오로지 청자에 대한 배려를 나타내는 말로, 화자가 청자와의 사회생활에 있어서의 원만한 관계를 유지하기 위하여, 청자를 공손하게 대우하는 표현양식이다」라고 정의할 수가 있다. 「경어의 지침」(2007:20)에는 「丁寧語」의 정의로 「話や文章の相手に対して丁寧に述べるもの (이야기나 문장의 상대방에 대하여 공손하게 표현하는 것)」와 같이, 아주 간략하게 되어 있다.

한국어와 비교할 경우, 「です」는 「입니다」, 「ます」는 「습니다」와 각각 대응관계에 있다. 그러나 이들은 첨가되는 단어의 종류에 의해 차이가 관찰된다. 「です」는 체언뿐만 아니라 형용사 · 형용동사에도 첨가되는데 비해 「입니다」는 체언류에 밖에는 첨가되지 않는다. 또, 「ます」는 동사류에만 첨가되는데, 「습니다」는 동사 · 형용사 등 용언 일반에 첨가된다.

(4) a) これは医者に有利な, 不公正な問題ですね。(名詞)
(이것은 의사에게 유리한, 불공정한 문제네요)

b) ソファに寝そべっている姿がとても愛くるしいです。(形容詞)
(소파에 엎드려 누워있는 모습이 아주 사랑스럽습니다)

c) 皮膚が白く透き通るようで, きめこまやかですね。(形容動詞)
(피부가 하얗고 투명해 보이고 살결이 곱네요)

d) 何も口にしなくとも, 彼は常にあなたの一挙手一投足を見ています。(動詞)
(아무것도 말하지 않더라도, 그 사람은 항상 당신의 일거수일투족을 보고 있습니다)

「です」의 생략형이라고 생각되는 「っす」는 「明日, 朝一番で会社

に届けに行くっす。(내일 아침 일찍 회사에 갖다 주러 가겠습니다)」와 같이 동사에 첨가되는 경우가 있는데, 이것은 표준적인 표현은 아니다. 『Wiktionary日本語版』에 따르면「っす」는「です」의 변화형으로「구어체 공손어로서의 종조사. 청자에 대한 경의를 나타낸다. 지적인 이미지는 없다.「だ」의 경우는, 이것을 빼고 명사에 직접 붙인다. 知ってるっす。俺のもんっす。すぐ来るっすよ」와 같이 풀이되어 있다. 「です」는 조동사인데「っす」는 조사로 보고 있다.

문장의 중간에 나타나는 공손어의 위치에 있어서도 일본어와 한국어 사이에 차이가 나타난다. 공손어는 원칙적으로 문말에 위치하는데, 이것을 엄밀히 지키고 있는 것은 한국어이다. 일본어에서는 다음의 (5a)와 더불어 (5b)와 같이「ます」를 연체수식어로서도 사용할 수가 있다. 이와 같은 경우, 한국어에서는 (5b)의 번역과 같은 표현은 사용할 수가 없다.

(5) a) 複数の質問があった件についてはここで回答させて頂きます。
(복수의 질문이 있었던 건에 대해서는 여기에서 대답을 드리도록 하겠습니다)

b) 複数の質問がありました件についてはここで回答させて頂きます。
(*복수의 질문이 있었습니다 건에 대해서는 여기에서 대답을 드리도록 하겠습니다)

공손어는 경어의 다른 영역에 비하여 그 성립의 역사가 비교적 얕다. 경어의 성립과정에 있어서 오랜 기간에 걸쳐 주로 존경어와 겸양어가 경어의 영역을 차지하고 있었던 것이다. 일본어의 고대경어에는 공손어가 없었다고 보는 것이 일반적인 견해이다. 헤이안시대(平安時代)에 겸양어인「侍り(はべり)」가 공손어화함으로서 공손어가 일반화하기 시작한 것으로 보고 있다.「侍り(はべり)」는「居(お)る · ある」의 겸양어에서「おります · あります · ございます」와 같은 공손한 표현으로 사용하게 된 용어이다.

형용사에「です」를 붙여서 청자대우를 나타내게 된 것이 비교적 근년이 되고서인 것도 공손어의 역사를 알 수 있게 해준다. 일반적으로「敬語」라는 개념에 대하여 일본어화자가 먼저 존경어와 겸양어를 연상하고, 공손어는 경어와는 다른 것으로 받아들이고 있는 경향이 있는데, 이와 같은 인식에도 경어의 발달과정에 대한 역사적인 배경이 숨어있다고 할 수 있다.

현대사회에서는 경어 중에서도 공손어가 가장 기본적으로 사용되는 것이다. 존경어와 겸양어는 화자의 의도에 따라 생략할 수도 있지만 공손어를 사용해야 할 상황에서 상위자에 대하여「です · ます」를 생략할 수는 없는 것이다. 공손어는 소재경어보다 늦게 나타났지만, 확연한 상하관계를 가진 신분사회에서 일변하여 평등사회가 되자, 그 사회를 살아가는 사람들의 언어생활에 어울리는 경의표현이 요구되게 되고, 그 때문에 공손어가 짧은 기간에 정착하게 되었다고 할 수 있다.

공손어는 어떠한 인물에 대한 화제이더라도, 혹은 어떠한 사항에 관한 내용을 이야기하더라도, 그것과는 상관없이 청자에 대한 배려만 있으면 사용할 수가 있다. 그것이, 화자이든 화자측 인물이든, 청자나 제삼자이든, 혹은 무생물이든 상관이 없는 것이다.

(6) a) あいつらはみンな繋がってるんですか?
(저 녀석들은 모두 연결되어 있습니까?)

b) うちの母はピースをする時, 必ずブイスと言います。
(우리 어머니는「피스」표시를 할 때, 꼭 「부이스」라고 합니다)

c) 午前には激しい雨やあられが降りました。
(오전에는 세찬 비와 싸라기눈이 내렸습니다)

「です・ます」는 주로 문말에 사용되기 때문에 문체와도 밀접한 관계를 가진 경어이다. 단, 경우에 따라서는 전술한 바와 같이 문장 안에서 사용되기도 한다. 문장 안에서 사용하는 것은 권장할 만한 일은 아니지만, 상업경어나 청중 앞에서 하는 연설 등에서는 거리낌 없이 사용되고 있는 것이 현실이다. 이하의 예문은「少納言」에서 검색한대로 변형 없이 제시한 것이다.

· 現在57歳ですと, 60歳から特別支給の老齢厚生年金が一部支給開始されると思います。
· 先ほどもお話をいたしましたように, 施設整備費を大幅に圧縮してということが書かれているわけですね。
· 日本の歌を聴いて, 意味がよく分からない言葉がありまして, 質問します。
· いつ頃の掲載になりますでしょうか。
· 同じようなご経験をされた方, 何か対応をされましたでしょうか。
· 僕のブログへお越しくださいましてありがとうございます!

1.2 특별공손어

「です・ます」와 같은 유형이긴 하지만「です・ます」보다 한층 더 높은 공손함을 나타내기 위해서는「ございます」를 사용한다. 청자를 특별히 공손하게 대우하고자 할 경우에 사용하는「ございま

す · ~てございます · ~でございます」와 같은 형태이다.

「ございます」는「です · ます」보다 정중한 표현이기 때문에 정중어라고 할 수도 있지만, 오로지 청자에 대한 배려에 의해 사용된다는 점에서 공손어에 더 가깝다고 할 수 있다.

(7) a) いろんな制度を設計していく, こういう観点がございます。
(여러 종류의 제도를 설계해 가는, 이런 관점이 있습니다)

b) 有価証券関係業務の合理化についてという報告書を出してございます。
(유가증권관계 업무의 합리화에 대하여, 라는 보고서를 제출해 두었습니다)

c) そのうちの約四分の一程度ということでございます。
(그 중의 약 4분의 1 정도라는 것입니다)

d) お気遣いが至りませんで申し訳ございませんでした。
(마음씀씀이가 미치지 못하여 죄송합니다)

「ございます」가 현재는 항상 일체화되어 사용되지만, 원래는「ござる」에「ます」가 붙어서 생긴 말이다.「ござる」는 존경어 · 공손어로 사용된 존재를 나타내는「御座ある」의 축약형이다. 이것은「でございます」가「です」가 아니라「であります」로부터 발달해 왔다는 것을 증명하는 것이기도 하다.

「ございます」는 본동사와 보조동사의 양쪽의 기능을 갖는데, 보조동사로서의 용법이 일반적이다. 본동사로 사용하는 경우에는 존재를 나타내는 보통의 공손표현「あります」를 더욱 공손하게 하는 표현이 된다.

(8) a) 自分自身これは違うと思うことがございます。
(제 자신, 이것은 다르다고 생각하는 경우가 있습니다)

b) これから若干時間がございますから, その間に詰めてまいりたいと思います。
(지금부터 약간 시간이 있으니까, 그 사이에 채워 가도록 하겠습니다)

이와 같은 용법은 정중한 의미로 상업경어로서도 많이 사용된다. 그러나 상업경어(商業敬語)라는 용어는 서비스업계에서 주로 사용하는 약간 과잉된 경어를 가리키는 경우가 많아 부정적인 이미지도 실리기 때문에 주의를 요한다.

상업경어와 관련하여「バイト敬語(알바경어)」라는 것이 있다. 예를 들면 음식점이나 서비스업의 종업원이 주로 사용하는「ご注文は以上でよろしかったでしょうか。(주문은 이상으로 되었습니까?)」「こちらのほうになります。(이쪽이 되겠습니다)」와 같은 경어를「バイト敬語(알바경어)」라고 하는데 잘못된 표현으로 지적받고 있다. 올바르게는「ご注文は以上でよろしいでしょうか。(주문은 이상으로 되었습니까?)」「こちらになります。(이쪽이 되겠습니다)」와 같이 표현하는 것이다. 이와 같은 표현은 특히「ファミリーレストラン(패밀리레스토랑)」과「コンビニエンスストア(편의점)」에서 많이 사용되기 때문에「ファミコン敬語(패미컨경어)」라고도 한다.

보조동사로서의「でございます」는 보통「です」를 보다 공손하게 한 표현 형태로 인식되어 있다. 그러나 이것도 굳이 근원을 찾아가자면「であります」에서 발달한 것이라고 봐야 한다. 예를 들면「この本でございます」는「この本です」라기 보다도「この本であります」를 보다 공손하게 한 표현이라고 봐야 한다는 것이다.

이것은「てございます」에 대해서도 마찬가지이다. 예를 들면「そちらに置いてございます」가「そちらに置いてあります」를 보다

공손하게 한 표현이라는 것은 이해하기 쉬울 것이다.

(9) a) これがいわゆる電子マネーのネットワーク型と言われているところでございますが, そういうような動きがあるわけでございます。
(이것이 소위 전자화폐의 네트워크형이라고 하는 것입니다만, 그와 같은 움직임이 있는 것입니다)

b) 先ほど申し上げましたように会員権でございますけれども, 色々な種類のものがあり得るだろうと存じます。
(아까 말씀드렸듯이 회원권 말씀인데요, 여러 종류가 있을 수 있을 것이라고 생각합니다)

「ございます」가 원래「あります」에 대응하는 특별공손어라는 것은 음편형(音便形)에 잘 나타나 있다.「ございます」가 형용사에 첨가될 때 형용사의 형태가 변한다. 즉, 어간이 [a]로 끝나는 경우에는 [oo]로, [i]로 끝나는 경우에는 [yuu]로, [u]로 끝나는 경우에는 [uu]로, [o]로 끝나는 경우에는 [oo]로 변형한다. 이와 같은 변형은, 다음과 같이,「あります」에 접속되는 형용사의 연용형「～く」가「ございます」에 접속될 때의 환경에 영향을 받은 것이라고 해석할 수 있다.

〈형용사의 음편형〉

高い > 高くあります > 高うございます (⇒たこうございます)
美味しい > 美味しくあります > 美味しゅうございます (⇒おいしゅうございます)
暑い > 暑くあります > 暑うございます (⇒あつうございます)
面白い > 面白くあります > 面白うございます (⇒おもしろうございます)

(10) a) わたくしのつくる花瓶は, 特に評判が高うございます。
(제가 만드는 꽃병은 특히 평판이 높습니다)

b) 今朝は新ジャガをたきこんだお粥ですから, おいしゅうございますよ。
(오늘 아침은 새 감자를 넣어 만든 죽이어서 맛있어요)

c) 今日も一日, 暑うございましたから, ちょっと水を浴びて参ります。
(오늘도 하루 더웠으니까 물 좀 끼얹고 오겠습니다)

d) ですけど, 驢馬の話もおもしろうございましたわ。
(그렇지만, 당나귀 이야기도 재미있었어요)

이와 같은 어려운 구문을 사용하지 않더라도 우리가 일상생활에서 빈번하게 사용하는 구문에서도 비근한 예를 찾을 수 있다. 예를 들면, 다음과 같은 인사말도 음편현상이 발생한 후에 굳어진 것이다.

(11) a) おはようございます。(<はやい)
(안녕하세요?)

b) ありがとうございます。(<ありがたい)
(감사합니다)

c) おめでとうございます。(<めでたい)
(축하합니다)

그러나 현재 「ございます」는 「です」의 특별공손형으로서의 인식이 강하다. 「ございます」가 명사나 형용사·형용동사에 주로 첨가되기 때문에 그러한 인식이 더욱 강화되었다고 할 수 있다. 예를 들면 「安うございます」는 「安いです」의 특별공손형으로, 「静かでございますね」는 「静かでありますね」보다는 「静かですね」의 특별공손형으로 인식되어 있다.

「ございます」에서 발생하는 음편형은 「存じます」가 첨가되는 경우에도 같은 형태로 나타난다. 현대어에서는 예를 들면 「嬉しゅう存じます」보다는 「嬉しく存じます」 쪽이 일반적이기는 하지만, 「存じます」에 음편현상이 있다는 것도 이해해 둘 필요가 있다. 다음은 실제 용례이다.

(12) a) これはどうも御親切に, ありがとう存じます。
(이것 참 친절하게 해주셔서 감사합니다)

b) でも, 嬉しう存じますわ。(嬉しう⇒嬉しゅう)
(그렇지만 기뻐요)

c) 一度ご足労いただきとう存じます。
(한 번 왕림해 주셨으면 합니다)

여기에서 한 가지 주의할 점이 있다. 청자에 대한 경의표현인 「ございます」는 존경어와는 공기(共起)하기 어려운 경우가 있다는 것이다. 다음과 같은 경우 「でございます」를 사용하는 경우가 왕왕 있으나, 이와 같이 인물을 직접 형용하는 경우에는 「でいらっしゃる」가 적절한 표현이다.

(13) a) 寛子夫人は, たいへんな楽天家でいらっしゃいました。
(히로코부인은 대단한 낙천가이셨습니다)

b) お嬢様は本当にお綺麗でいらっしゃいますね。
(따님이 정말로 예쁘시네요)

c) この問題についてはどのようにお考えでいらっしゃいますか。
(이 문제에 대해서는 어떻게 생각하고 계십니까?)

「楽天家」「お綺麗だ」「お考え」는 모두 인물을 직접 형용하고 있다. 따라서 소재경어를 사용하는 것이 이치에 맞는 것이다. 여기를 「楽天家でございます」「お綺麗でございます」「お考えでございます」로 쓰는 경우가 있으니 주의를 요한다.

이에 비하여 다음과 같이 인물이 아니거나 단순한 상황을 묘사하고 있을 때의 「お」는 미화어 또는 공손어로서 기능하고 있기 때문에, 마찬가지로 청자에 대한 경어인 「ございます」와 자연스럽게 호응한다.

(14) a) 質のいいルビーでございます…色が, ちょっとないほど綺麗でございますわ。
(질이 좋은 루비네요. 색상이 좀처럼 없을 만큼 예뻐요)

b) この温泉宿は本当にお静かでございますね。
(이 온천여관은 정말로 조용하군요)

일본어화자나 일본어학습자나 종종 실수를 하는 것이 「お元気でございますか」와 「お元気でいらっしゃいますか」이다. 이것은 인물을 형용하는 표현이기 때문에 「でいらっしゃる」가 적합하다. 그런데 일본어화자도 다음과 같은 표현을 하는 경우가 있다. (15a)보다 (15b)와 (15c)가 훨씬 적합한 표현이라는 것이 한층 잘 이해가 될 것이다.

(15) a) 今晩は, 皆様お元気でございますか？
(안녕하세요, 여러분 잘 지내십니까?)

b) 風薫る季節となりましたが, お元気でいらっしゃいますでしょうか。

(훈풍이 부는 계절이 되었습니다만, 건강하게 지내십니까?)

c) お元気でいらっしゃいますか, 私はおかげさまですこやかにすごしております。

(잘 지내십니까? 저는 덕분에 건강하게 지내고 있습니다)

특별공손어와 유사한 기능을 가진 경어에 전술한 정중어(丁重語)가 있다. 예를 들어「春になってまいりました。(봄이 되었습니다)」와 같이, 정중어는 항상「ます」를 동반하여 문말에 사용하는 것이 일반적이기 때문에 청자에 대한 특별한 배려에 의해서 사용된다고 할 수가 있는 것이다.

특별공손어나 정중어는 원칙적으로 문말에 나타나는데 그들이 다음과 같이 문중에서「ます」를 동반하여 중지법이나 연체수식형 등으로 사용되는 경우도 적지는 않다.

(16) a) これは日米合同委員会を中心に議論をしてきておるところでございまして, 最大限の努力を続けておるところでございます。

(이것은 일미합동위원회를 중심으로 논의를 해 온 것으로 최대한의 노력을 이어가고 있는 참입니다)

b) しかしながら, 電信電話料金は, これまで一般物価に比べて低く据え置かれてまいりましたことは事実であります。

(그러나, 전신전화요금은 지금까지 일반물가에 비하여 낮게 책정되어 왔던 것이 사실입니다)

c) そういう点がございましたことは私どもも十分わかります。

(그와 같은 점이 있었다는 것은 저희들도 충분히 압니다)

2. 일본어의 문체

문체라는 용어에는 여러 가지 종류의 개념이 있다. 한문체(漢文体)나 가나문체(仮名文体 · 和文体), 문어체(文語体)와 구어체(口語体), 보통체(普通体 · 常体)와 공손체(丁寧体 · 敬体) 등은 모두 각각의 개념에 따라 분류한 문체이다.

일본어나 한국어는 청자에 대한 대우표현, 즉 대자대우표현이 체계적으로 발달되어 있다. 그리고 이것은 공손한 정도인 공손도(丁寧度)에 의해 몇 단계의 체계로 나누어진다. 경어에서 말하는 문체(文体)는 이와 같이 공손한 정도를 나타내는 스타일을 가리킨다. 문체는 문장체를 기준으로 한 용어이기 때문에, 대화체에 기준을 둘 경우에는 화체(話体)라는 용어가 더욱 적합할 것이지만 문체가 일반화된 용어이다. 스피치레벨이라고 하는 경우도 있다. 문체나 화체, 스피치레벨이 같은 개념으로 사용되고 있다고 할 수 있다. 이하에서 문체라고 하면 경어론에서의 문체를 말한다.

한국어의 경어법 또는 대우법을 취급할 때에 가장 중요시되는 것이 「청자대우법(聴者待遇法)」이라고 불리는 대자대우표현이다. 한국어에서 청자에 대한 대우법이 중요시되는 것은 상하관계(上下関係)에 따라 청자를 대우하는 것이 가장 중요하다고 인식되어 있기 때문이다.

한국어에서는 청자대우법이 문체적인 여러 단계에서 논의되고 있지만 일본어의 경우는 공손체인가 보통체인가 하는 구분 이외에는 별로 거론되고 있지 않는 것이 현실이다. 그러나 일본어에서도 청자를 직접 대우하는 문체가 대우표현에 있어서 매우 중요한 기능을 수행하기 때문에 이것을 새롭게 분류하고 각 문체의 기능을 살펴보기로 한다.

일본어의 문체는 일반적으로 보통체(普通体)와 공손체(丁寧体)로 2분된다. 이 두 문체부터 먼저 보도록 하자.

보통체는 보통어의 형태로 문을 마치는 표현형식을 가리키고「だ체」와「である체」로 나뉜다. 일본의 학교문법에서는「だ · である体」의 문체를「常体(じょうたい)」라고 부른다. 보통체에는「だ · である」로 끝나는 문장뿐만 아니라 동사나 조동사, 형용사, 형용동사의 기본형이나 그 활용형이 모두 포함된다. 다음의 (1)은「だ체」의 예문이고 (2)는「である체」의 예문이다.

(1) a)「眉をひそめる」とは, 心配事や不快感のために, 気難しい表情をする, という意味だ。

(「눈살을 찌푸리다」란, 걱정거리나 불쾌감 때문에 신경질적인 표정을 한다, 라는 뜻이다)

b) 私はその人を常に先生と呼んでいた。

(나는 그 사람을 언제나 선생님이라고 부르고 있었다)

c) 私には批評する能力はないが, 毎月読んでいてとにかく面白い。

(나에게는 비평할 능력은 없지만, 매월 읽고 있자니 아무튼 재미있다)

d) 今朝は霜が一面広がってきれいだった。

(오늘 아침에는 서리가 전면에 내려서 아름다웠다)

(2) a) 国境の長いトンネルを抜けると雪国であった。

(국경의 긴 터널을 빠져나가자 설국이었다)

b)「一役買う」というのは, 役目や仕事を進んで引き受けるという意味の言葉である。

(「한몫을 하다」라는 것은, 역할이나 일을 자진해서 떠맡는다는 뜻의 말이다)

c) 自分の子はかわいがるということではなく，ともかく我が子がかわいいのである。
(자기 자식은 귀여워한다라는 것이 아니라, 어쨌든 내 자식이 귀여운 거다)

d) 部屋を出て行く時は，入ってきたのとは対照的に静かであった。
(방을 나갈 때는, 들어왔을 때와는 대조적으로 조용했다)

공손체는 공손어에 의한 문체를 말한다. 보통,「です・ます」에 의한 문체를 공손체라고 총칭한다. 공손체는 다시「ございます体」라는 특별공손체와「であります体」「です・ます体」에 의한 일반공손체로 하위분류할 수가 있다.

경어의 문체에 있어서 가장 중시되는 것이「です・ます」를 중심으로 한 공손체이다. 공손체가 중요한 것은 일본어나 한국어 어느 쪽에 있어서나 초등학교 1학년의 교과서가「です・ます」「입니다・습니다」에 해당하는 문형부터 도입되는 것으로부터도 알 수 있다.

학교교육의 제일보에서「です・ます体」를 기본으로 하는 공손체를 교육한다는 것은 대인관계에 있어서 대자경어가 얼마나 중요한가를 말해주는 것이다. 예를 들어 일본 초등학교 1학년 교과서 중에「にじ」라는 문장이 있는데, 그 일부분을 보이면 다음과 같다.

(3) にじが出ました。
野原の池の上に見えました。
みんなで，にじの下まで行ってみることにしました。
急いで走って行きました。
池に着きました。にじは，もっと遠くに見えました。
(무지개가 떴습니다.
들판에 있는 연못 위에 보였습니다.

다 같이 무지개의 밑에까지 가 보기로 했습니다.
서둘러서 달려갔습니다.
연못에 닿았습니다. 무지개는 더 멀리에 보였습니다)

공손한「です · ます体」로 교육을 시작하는 것은 일본어교육에 있어서도 활용되고 있다. 입문 또는 초급레벨의 텍스트는 거의가「です · ます体」이다. 때로는 자연언어를 습득시키고자 하는 의도 하에서 처음부터「ダ体」의 문장을 도입하거나, 종조사를 너무 많이 도입하는 교수법이 고안되기도 하는데, 모어교육에 있어서나 외국어교육에 있어서나 그것은 바람직한 방법이라고 하기 어렵다. 경어가 발달되어 있는 일본어와 한국어에 있어서는 특히 그렇다.

그런데 일본어에는「です · ます体」도「だ体」도 아닌「て体」라고 해야 할 문체가 존재한다. 다음은 그 예이다.

(4) a) 1度試して見て。もしかして其処からヒントが得られるかも？
(한 번 시험해 봐. 혹시 거기에서 힌트를 얻을 수 있을지도 몰라)

b) これからは何でも話して。そうして，お互いに楽しいことは2倍に，辛いことは半分にして行こう。
(앞으로는 뭐든지 얘기해. 그렇게 해서 서로가 즐거운 것은 두 배로, 힘든 것은 반으로 해 가자)

「~て」로 문을 마치는 이와 같은 표현형식은, 그 후에 이어지는 문의 일부가 생략된 형태를 취하고 있다. 그래서 이것은 문을 마지막까지 끝내지 않는 애매한 형식인 것처럼 보인다. 그러나 이것은 일종의 명확한 대우형식이다. 이것을「て体」라고 한다.「て体」는 명령적 혹은 의뢰적인 형식으로 청자에게 말을 걸 때에 빈번하게 사용된다.「~て」의 다음에 종조사를 첨가하면 어조가 부드러워지는데, 이것은 다른 문체의 경우도 마찬가지이다.

「て体」는 일반적으로 독립된 문체로 설정하지 않고 있다. 일반적으로 명령적 혹은 의뢰적인 형태로 사용된다고 하는 기능의 제한이 있기 때문에 문체로 인정하기가 곤란한 점도 있다.

그러나「て体」는 명확한 대우체계이기 때문에 본인은 이것을「친밀체(親密体)」라는 독립된 문체로 보고 있다. 친밀체는 주로 친애표현을 위해 사용되는 문체이다. 즉, 화자가 상하관계를 의식하지 않고, 청자를 친소(親疎)의「친(親)」의 관계에 있는 사람으로 대우하는 청자대우의 표현형식이다.

「て体」는 반드시「~て」로 끝나는 형태만이 해당하는 것은 아니다.「~て」 이외에도 친밀체로 위치를 부여할 수 있는 형태가 여럿 있다. 예를 들면,「坊や, こっちへいらっしゃい。(얘야, 이쪽으로 오렴)」 등은 친애표현이라고도 미화표현이라고도 해석할 수 있는데, 문체로서는 이것도 친밀체라고 할 수 있다.

(5) a) ノートに書いたら持っていらっしゃい。
(노트에 쓰거든 가지고 와요)

b) しのぶを愛しているんなら, それらしくなさったら。
(시노부를 사랑한다면 그에 걸맞게 하시는 게 어때?)

이와 같이 일본어의 문체는 공손체(polite style) · 친밀체(familiar style) · 보통체(common style)로 3분할 수 있다. 여기에「やがる体」라고 할 수 있을 만한「비속체」를 고려할 수도 있겠지만, 이것은 형태적으로 보통체와 같기 때문에, 굳이 비속체라는 문체를 설정할 필요는 없다. 예를 들어「食らえ。(처먹어)」라고 할 경우, 사용되어 있는 단어 자체는 비속어이지만 문체로서는「食べろ。(먹어라)」와 같은 보통체이다.

이상에서 살펴본 바와 같이 일본어의 문체를 <표2>와 같이 정리할 수 있다. 이것이 경어에 있어서의 문체, 화체 혹은 스피치레벨이다.

<표2> 일본어의 문체

<table>
<tr><td rowspan="3">① 공손체(丁寧体)</td><td>특별공손체</td><td>ゴザイマス체</td></tr>
<tr><td rowspan="2">일반공손체</td><td>デアリマス체</td></tr>
<tr><td>デス・マス체</td></tr>
<tr><td>② 친밀체(親密体)</td><td colspan="2">テ체</td></tr>
<tr><td rowspan="2">③ 보통체(普通体)</td><td colspan="2">デアル체</td></tr>
<tr><td colspan="2">ダ체</td></tr>
</table>

3. 여러 가지 종류의 공손표현

3.1 공손어와 공손표현

「丁寧語」(공손어)라고 하면 일반적으로「です · ます」를 가리키는 것으로 인식하고 있다. 그러나 공손표현을 위한 용어에는「です · ます」만이 있는 것은 아니다. 청자에게 공손한 느낌을 주는 공손표현에는 여러 가지 종류의 표현형식이 있다. 예를 들면 응답사나 종조사 같은 것도 항상 청자에 대하여 뭔가의 평가적 태도를 나타내는 것이며, 대자대우표현의 중요한 요소를 이룬다.

여기에서는 가장 일반적인「丁寧語」(공손어)에 의한 표현에 한정하지 않고, 청자에게 공손한 느낌을 주는 표현의 여러 가지 형태를 살펴보기로 하자.

공손한 표현을 만들기 위한 전치표현(前置表現)이 있다. 일본어의 특징의 하나로서, 주문(主文)에 비해 전치표현이 풍부하다는 것을 들 수 있다. 주문을 중시하는 입장에서는 전치표현이 필요 없는 장식처럼 보일 수 있지만, 전치표현은 일본어화자가 공손한 표현을 하고자 할 때에 없어서는 안 되는 중요한 역할을 수행하고 있다. 이와 같은 청자에 대한 공손한 표현은 폴라이트니스(politeness)의 관점에서 세계의 언어를 파악할 때, 세계의 제언어에 경어(공손표현)가 존재한다고 할 때의 근거가 되기도 한다.

일본어에 있어서 공손한 느낌을 부여하는 일반적인 전치표현을 얼마간 살펴보면 다음과 같다.

「すみませんが」	「失礼ですが」
「申し訳ありませんが」	「申し訳ございませんが」
「つまらないものですが」	「恐縮ですが」
「不躾ながら」	「略儀ながら」
「恐れ入りますが」	「ほんの気持ちだけですが」
「何もありませんが」	「お口に合うかどうか分かりませんが」

이들에는「すまないが」「すみませんが」와 같이 공손도가 다른 표현이 존재하는 경우도 있다. 이들은 공손체와 보통체라는 문체와 직접적으로 관련된다. 전치표현이라고 해서 항상 문장의 맨 앞에 위치하는 것은 아니다. (1a) (1c)와 같이 이유를 앞에 덧붙이기도 한다.

(1) a) ジェイニー, 起こしてすまないが, エンジンがオーバーヒートしてしまった。
(제이니, 깨워서 미안하지만, 엔진이 오버히트해 버렸어)

b) すみませんが, 詳しい方, 返答をお願いいたします。
(미안합니다만, 자세하신 분, 회답을 부탁드립니다)

c) 素人ですみませんが, どなたか教えていただけますか?
(잘 몰라서 미안합니다만, 누군가 가르쳐주시지 않겠습니까?)

또한「すみませんが・相すみませんが」「申し訳ありませんが・申し訳ございませんが」와 같이 공손체 안에서도 몇 가지의 경의도에 의한 차이가 나타나기도 하고,「恐れ入りますが」와 같이 항상 공손체로만 사용되는 것도 있다.

(2) a) 恐れ入りますが, 性別も書いていただくと助かります。
(죄송합니다만, 성별도 써 주시면 고맙겠습니다)

b) 助手採用の見込がどの位あるものか, 恐れ入りますが, 至急御返事戴けないでしょうか。
(조수 채용의 가능성이 어느 정도 있는지, 죄송합니다만, 조속히 회답해 주실 수 있겠습니까?)

공손한 느낌을 주는 이와 같은 전치표현은 한국어에도 존재한다. 다만 그 사용빈도는 한국어보다 일본어 쪽이 높다고 할 수 있다. 전치표현에는 양언어가 공히 「~が・~만」과 같은 역접적인 구문을 사용하는 것이 보통이다. 이것은 상대방에 대하여 사양이나 배려를 나타내고자 하는 것이다.

전치표현으로 사용되는 부사도 공손표현으로서의 기능을 갖는다. 예를 들면 「くれぐれも」「どうぞ」「どうも」「どうか」「なにとぞ」「ようこそ」「よろしく」 등은 공손한 표현을 위한 전치표현이다. 이런 종류의 용어가 한국어에는 풍부하지 않기 때문에, 일본어에서는 별개의 용어이더라도 그들을 한국어로 번역하면 같은 용어가 되어 버리는 경우가 많다.

「あのう―」「ええ―」「それはそれは」 등의 감동사를 사용한 표현도 청자에게 공손한 느낌을 주는 공손표현이다. 일본어에서는 청산유수와 같이 말하기 보다는, 주저하면서 요구의 핵심에 다가가는 것이 공손하다고 인정받기 때문이다. 「はい」「いいえ」와 같은 응답사도 전치표현의 일종이다. 「相すみませんが」에 있는 접두사 「相~」와 같은 것이 공손표현으로 기능하는 경우도 있다.

인사말도 상대방의 존재를 인정하고 상대방에게 배려를 나타낸다고 하는 의미에서 공손한 표현이라고 할 수 있다. 단, 인사말도 내부

인과 외부인 사이에서 그들을 구별하는 기능이 있다.「いってらっしゃい」「行ってきます」「お帰りなさい」「ただいま」와 같은 인사말은 가족 및 가족에 준하는 집단 안에서만 사용되는 인사말로서 집단 내의 공존의식을 나타낸다. 이에 비하여「さようなら」「こんにちは」「こんばんは」는 외부와의 구별을 나타내고 상대방을 외부인 취급하는 표현이 된다. 이와 같은 구분은 가족이라는 범주에서는 확실하게 나타난다. 사회적으로 구성된 내부인, 예를 들면, 회사의 동료 등에 대해서는 후자의 표현도 사용된다.

일본어의 인사표현은 상하관계에 의한 구별이 명확한 경우도 많지만 그렇지 않은 것도 많다. 예를 들면 다음의 a)는 하위자나 친밀한 사이에서 사용하고, b)는 상위자나 외부인에게 사용하는 것이 보통이라는 점에서 사용범위는 비교적 명확하다고 할 수 있다. 그런데 c)와 같이 상하 구별 없이 누구에게나 같은 형태가 사용되는 것도 있다.

(3) a)「お久しぶり」「おはよう」「おやすみ」「ごちそうさま」
b)「お久しぶりです」「おはようございます」「おやすみなさい」「ごちそうさまでした」
c)「いただきます(음식의 경우)」「さよなら(さようなら)」「ただいま」「行っていらっしゃい」

이 밖에도 공손한 표현에는 여러 가지가 있다.「おいくら·おかげ·お気の毒·お先·お世話·お大事·おめでた·お礼」등은 일반적으로 미화어로 분류되지만, 의미적으로는 공손접사를 사용한 공손표현으로도 해석할 수가 있다.「これ貰ってもいいかな·これ貰ってもいいかしら」등의 종조사「かな·かしら」등도 사양하는 듯

이 상대방의 반응을 엿보는 공손표현이다.

서간문에서 사용하는 「候う(そうろう)」는 겸양어에서 공손어로 전화(転化)한 것이다. 현대어에서는 별로 사용하지 않지만, 품위 있는 편지에서는 지금도 사용되는 수가 있다. 「候う」로 끝나는 문장 형태를 「候文(そうろうぶん)」이라고 한다. 「そうろう」는 「候」와 「候う」의 두 가지 표기법이 있다.

「そうろう」는 여러 가지의 기능을 갖는다. 「ある」의 공손한 말 「あります · ございます」, 「いる」의 공손한 말 「おります」, 보조동사, 조동사로서의 기능 등 다양하다.

(4) a) それがし, ここに候う。
(저는 여기에 있사옵니다)

b) 懐かしう候う。
(그립사옵니다)

c) 存じて候う。
(알고 있사옵니다)

3.2 공손한 의식

공손한 표현형식에는 여러 가지가 있는데, 그 중에서 청자는 어느 형식을 공손하다고 의식하는가, 혹은 어느 형식을 공손하다고 의식하여 그것을 사용하고 있는가를 살펴보도록 하자.

일본의 국립국어연구소(国立国語研究所)가 오카자키시(岡崎市)에서 행한 조사에서는 다음과 같은 결과가 나와 있다 (南, 1976:194).

① 부정적인 표현을 포함하는 경어형식은 일반적으로 공손하다고 의식되어 있다.
② 한자어를 사용한 표현이 공손하다고 의식되어 있다.
③ 방언의 표현을 포함하는 말은, 그렇지 않은 말보다도 난폭하다고 일반적으로 의식되어 있다.
④ 긴 표현일수록 공손하다고 일반적으로 의식되어 있다.

이와 같은 경향은 오카자키시에 한정된 것이 아닌, 일반적인 현상이라고 할 수 있다.「きょう」보다「本日」라고 할 때에 보다 공손하다고 느끼는 것은 대다수의 일본인에게 공통되어 있다고 할 수 있다. 특정한 지역의 방언으로 말을 하던 것을 상황에 따라 공통어로 바꾸는 것 자체가 이미 공손한 표현을 하는 것이 된다. 또, 직접적인 표현보다는 간접적이고 완곡한 표현이 공손하다고 느끼는데, 완곡한 표현을 하고자 하면 말은 일반적으로 길어 질 수밖에 없다.

공손한 표현방법과 공손한 의식과의 관계를 몇 가지로 나누어서 살펴보기로 하자. 먼저, 완곡표현이다. 완곡한 표현은 일본어의 특징의 하나를 이룰 정도로 특히 일본어에 발달되어 있다.

청자에게 뭔가를 하게 하고자 할 때, 즉 지시하고자 할 때의 여러 표현형식을 공손도의 순서로 나타내 보면 다음과 같다. 다음은 각 단계별로 공손함이 더해가는 일본어의 예이다.

(5) a) これを読め。
b) これを読みなさい。
c) これを読んでください。

d) これを読んでもらえますか。

e) これを読んでもらえませんか。

f) これを読んでいただけますか。

g) これを読んでいただけませんか。

h) これを読んでいただけますでしょうか。

i) これを読んでいただけませんでしょうか。

j) これを読んでいただけたらありがたいと存じますが。

이와 같이 긍정문보다 부정문을 사용하여 의뢰하는 것이 공손도가 한 단계 더 높다. 「てもらう」형을 사용함으로 인해 은혜를 입는 것이 화자라는 것을 나타내는 것도 중요하다. 표현의 내용이 실제로는 청자를 위한 것일지라도 그 은혜의 방향성은 청자에서 화자측으로 향해지는 것이 정중하다.

이와 같은 표현의 단계나 완곡한 표현은 정도의 차이는 있겠지만 어느 언어에나 갖추어져 있다고 할 수 있다. 완곡한 태도에 입각한 이와 같은 표현은 일반성이 있기 때문에 경어를 폴라이트니스(politeness)로 취급할 때에 가장 자주 지적되는 사항이다.

영어의 예를 들어보자. 비즈니스의 장면에서는 정중한 표현이 선호된다. 먼저, 축약어를 사용하지 않는다. 축약하지 않은 후자가 전자보다 더욱 공손하게 들린다.

(6) a) I wanna → I want to (I'd like to, I would like to)

b) I'm gonna → I'm going to

c) I gotta → I have got to

공손한 형태는 질문할 때에 더욱 확실하게 구분된다. Do you want to → Would you like to, Can I → Could I (May I), Can you → Could you. 역시 후자가 공손하다.

단어 선택에도 신중을 기한다. Yeah → Yes, Okay → Sure (Certainly) 등을 선택함으로서 언어적인 품위를 유지하도록 한다.

사과표현도 공손함과 연결된다. 사과하는 행위는 화자자신을 낮추고 청자의 체면을 세우는 언어표현의 스트라테지이기 때문이다. 일본인은 의례적으로 또는 습관적으로 사과표현을 사용하고 있다. 그러나 이와 같은 일본어화자의 사과하는 습관이 언어생활의 윤활유로 작용하는 경우가 많다.

생략표현이 일반 언어생활에 있어서 매우 중요한 역할을 하는 수가 있다. 일본어의 대우표현에서는 공손한 표현을 학습하는 것도 중요하지만 말하지 않고 끝내는 것이 공손한 경우가 많다는 것도 알아둘 필요가 있다.

언어의 기본적인 기능은, 정보전달 · 요구 · 의뢰 · 권유 · 명령 · 확인 등의 의사전달에 있다. 그 의사전달이 언어의 기본적인 기능이기 때문에 필요최소한의 말을 사용하지 않으면 안 된다. 그러나 필요한 정보의 언어적 표출을 지양하고, 생략함으로 인해 공손함을 표현하는 방법도 있는 것이다. 특히, 일본의 언어문화에서는 생략표현이 중요한 역할을 하는 경우가 많다.

공손함을 유지하기 위한 스트라테지로서의 생략은 여러 경우에 일어날 수가 있다. 먼저, 단어레벨에 있어서 생략하는 편이 좋다고 생각되는 가장 대표적인 용어는 이인칭대명사이다. 이인칭대명사는 생략하는 편이 청자에의 공손함에 연결된다. 「あなたはお元気ですか」라고 「あなた」를 붙이기보다는 「お元気ですか」라고 그것을 생

략하는 편이 무난한 표현이 된다. 어쩔 수 없이 청자를 지칭할 필요가 있는 경우에는 이름이나 직위명이 사용된다. 이와 같이, 상위자에 대한 이인칭대명사의 사용제한이 그것을 생략시킨 주된 요인이라고 볼 수 있다. 일인칭대명사나 삼인칭대명사도 생략되는 수가 있다.

일본어에서는 공손함을 나타내기 위한 방편으로 문말 생략도 자주 나타난다. 이것은 중요한 주절을 말하지 않고 전제에 상당하는 종속절 밖에 말하지 않는 경우에 발생한다. 일본어에 있어서의 이와 같은 문말 생략은 청자의 의향을 탐색하는 방책으로 사용되는 경우가 많다.

이 문말 생략도 일본어에서 특징적으로 관찰된다. 일본어에서는 매우 빈번하게 문을 도중에서 중단해 버리기 때문이다. 생략이 패턴화되어 있는「どうぞ · どうも」등은 그 후의 부분이 기계적으로 생략되는 경우가 많다.「こんにちは」「こんばんは」「さようなら」도 본래는 생략이 패턴화된 것이다.

3.3 겸양성을 내포한 공손표현

청자를 대우하는 표현형식 중에 화자의 겸양성이 담긴 것이 있다. 겸양성분에 의하지 않으면서도 청자에 대한 겸양의 심성을 표현하는 것이다.

앞에서 취급한 문말을 생략하는 형식도 화자의 겸양성이라는 관점에서 파악할 수 있다. 말하고자 하는 본론을 청자의 추량에 맡기고자 하기 때문이다. 일본어에서는 문을 완결하는 것을 피하고, 미완성의 부분은 청자의 추량에 맡기고자 하는 경향이 있다. 아래와 같은 표현은 완곡한 태도나 함유를 나타내어 겸양의 태도를 나타내고자 하는 것이다.

(7) a) そのいう考えも一理はあるのですが,・・・・・。
(그와 같은 생각도 일리는 있습니다만,・・・・・)

b) これ, つまらないものですが,・・・・・(お受け取り下さい)。
(이거 변변치 않은 것입니다만,・・・・・(받아 주세요))

일본어화자는 주관적 내용에 객관성을 지니게 하고자 하여 수동표현을 즐겨 사용한다. 이와 같은 수동형도 청자에 대한 겸양의 뜻을 나타내는 수가 있다. 예를 들면「思う」라고 하면 주관적인 느낌이 들기 때문에 수동형인「思われる」라고 표현하는 경우가 많다. 이것은 화자가 적극적으로 자신의 의견을 서술하는 것이 아니라 자연스런 과정으로 그렇게「생각되는」 것을 강조하기 위함이다. 그래서 직접적인「思う」보다 간접적인「思われる」 쪽이 공손하고 겸양도가 높은 표현이 된다. 능동태를 즐기는 한국어화자에게 있어서, 일본어의 우회적인 표현과 수동표현이 중복된「そのように思われないことでもないのでございますが,・・・・・。(그와 같이 생각되지 않는 것도 아닙니다만,・・・・・)」와 같은 표현은, 겸양표현인지 공손표현인지, 혹은 상대방을 혼란에 빠뜨리려고 하는 고도의 심리가 숨겨져 있는지 난해한 경우가 적지 않다.

「する」와「なる」에서도 겸양성을 감지할 수 있다. 이것은 능동태와 수동태의 관계와 비슷한 것이다. 다음의 예를 보면 (8a)보다 (8b)가 선호된다.

(8) a) わたくしは, このたび結婚することにしました。
(저는 이번에 결혼하기로 하였습니다)

b) わたくしは, このたび結婚することになりました。
(저는 이번에 결혼하게 되었습니다)

(8b)의「なる」에 의한 표현에서 청자에 대한 겸양성을 감지하는 것은 이것이 청자에 대한 고려의 관점에서 사용되었다고 판단되기 때문이다. 기본적으로 결혼이라고 하는 것은 본인이 결정했을 일이다. 그럼에도 불구하고「결혼하게 되었다」가 선호되는 것은, 행위자의 의식적인 행위의 경우에도 그 의식을 겉에 노출하지 않고, 그 결과에 초점을 맞춰서 표현하는 것을 소중히 하는 것에 이유가 있는 것이다.

국립국어연구소(国立国語研究所, 1990:121)는, 일본어의 이와 같은 현상을「상대방중심지향의 표현법」이라는 관점에서 다음과 같이 논하고 있다.

> 문 구조에 한하지 않고 표현의 문제에서도, 예를 들면 자신의 의지로 결정한 사항이더라도「~することになっています(~하게 되어 있습니다)」와 같은 식의 타율적 · 자발적(자연발생적)이라고 일컬어지는 표현이 외국인에게 알기 어려운 것도, 상대방중심지향의 표현법이기 때문이라고 할 수도 있다.

청자에 대한 겸양성은 수수표현(授受表現)에서도 찾아낼 수가 있다. 일반적으로, 청자는 은혜 · 이익을 주는 측에 두고, 화자는 그것을 받는 측에 두는 것이 무난한 표현이다. 이와 같은 표현은 일본어의 수수표현에서 특히 잘 나타난다.

그 전형은「~させていただく」라고 할 수 있다. 외국인학습자에게 있어서 일본어의「~ていただく」「~させていただく」라는 표현은 특히 습득이 곤란하고, 오해와 오용이 빈번히 발생한다. 일본인의 언어행동과 공손함, 겸양성과의 관계를 이해하기 어려운 것에 그 이유가 있다. 이것을 이해하려면, 표면적인 언어구조와 그 표현에 숨겨져 있는 심층심리도 이해해야 되는데, 이것은 일본어학습자에게 커다란 부담이 되는 것이다.

일본어의 수수표현은 은혜를 주는 측에 시점(視点)을 두고 표현하는「てくれる」형과 은혜를 받는 쪽에 중심(重心)을 두고 표현하는「てもらう」형이 있어서 복잡하다. 이 복잡성은 일본인의 인간관계 파악의 복잡성을 상징하고 있다.

사용빈도로 보면「てくれる」형 보다도「てもらう」형 및 그 경어형인「てくださる」 보다「ていただく」 쪽이 다용된다. 이것은 공손하고 겸양도가 높은 표현을 하고자 하는 경향이 강하기 때문이다. 한국어의 경우는「해 주다」형으로 거의 일정하다. 즉 한국어에서는, 거의 대부분이 은혜를 주는 쪽에 시점을 둔 표현을 사용하는 것이다. 이 점도 일본어 학습을 많이 힘들게 하는 부분이다.

「させていただく」 구문에 대해서는 과잉경어의 측면에서 다루어지기도 한다. 예를 들어「勝手ながら本日はお休みさせていただきます。(사정이 있어서 금일은 휴업하도록 하겠습니다)」「私の意見を述べさせていただきます。(제 의견을 말씀드리도록 하겠습니다)」와 같은 표현은 청자의 허가에 근거하여 행동하는 것을 의미하여 화자의 겸손한 태도를 보여주는 언어행동이다. 이와 같은 표현에 관하여 오이시(大石, 1983:351)는,「サセテイタダキマス를 너무 많이 사용하는 것은 비굴하게 들리기 때문에 바람직하지 않다고 하는 사람도 있다. 확실히, 상대방의 양해 · 승인을 얻고자 하는 마음을 갖고 말하는 경우 외에는, *サセテイタダキマス*가 귀에 거슬리는 수가 있다」라고 지적하고 있다. 그러나 이와 같은 지적은 일반적이지는 않다.

이상에서 살펴본 대로 한국어에서는 자기본위의 표현이 즐겨 사용되고, 일본어에서는 타자본위의 표현이 즐겨 사용된다. 일본어에서 화자의 생각은「~と思われる」와 같이 표현하고, 소재의 인물 및 청자의 행위에 대해서는「~ていただく」를 사용함으로 인해 화자측에 그 영향이 미치는 것까지 표현하려고 한다. 한편 한국어의 경우, 화자의 생각은 주관적으로 표현하고 소재의 인물 및 청자의 행위는 화자로부터 분리되어 표현되는 것이다.

3.4 문장의 중간에 사용되는 공손어

문장의 중간에 사용되는「ます」가 과잉경어(過剰敬語) 또는 경어의 오용(誤用)이라고 지적되는 경우가 있다. 다음의 예를 보도록 하자.

(9) a) 大都市圏内に関しましては私の方も協力いたしまして, 五十六年度を含めまして調査をやっていくつもりでございます。

(대도시 권내에 관해서는 저희 쪽에서도 협력하여, 56년도를 포함하여 조사를 해 갈 예정입니다)

b) 不在の時は不在票が入りますので, 郵便局にご連絡ください。

(부재 시에는 부재전표가 가게 되어 있으니, 우체국으로 연락해 주세요)

이와 같이 문장의 중간에「ます」를 집어넣는 표현은 청자에게 매우 정중한 느낌을 주는 것으로 인식되어 가고 있기 때문에 최근에는 과잉경어라고 하는 의식마저 거의 사라지고 있다. 오히려「ます」를 생략하면 뭔가 허전한 느낌마저 든다. 그렇기 때문에 현대어에 있어서 위와 같은 표현은 정용(正用)으로서의 위치를 부여받고 있다고 할 수 있다.

그러나, 한때는 연체수식어 등에「です · ます」를 붙이면 정용(正用)이 아니라고 지적하는 경우가 적지 않았다. 이점에 대하여 호리카와 · 하야시(堀川 · 林, 1969:164-169)는 다음의 예를 들어서 설명하고 있다.

(10) a) むこうに，屋根を赤く塗ってあります小屋が見えますが，そこにつきましたら，休憩をします。
b) 저기에 지붕을 빨갛게 칠한 오두막집이 보입니다만, 거기에 도착하면 휴식을 하겠습니다.

위의 설명에 의하면, (10a)의「あります」와「つきます」의「ます」는 과잉이다. 연체수식어에는「です · ます」를 사용하지 않는 것이 원칙이다. 한편, 접속조사가 후속하는 경우에는,「です · ます」를 생략하는 편이 좋은 경우와 그렇지 않는 경우가 있다.「たら」의 경우는 거기에 연결되는 전후의 문이 한 세트가 되어 강한 접속력을 갖기 때문에 생략하는 편이 적절한데,「が」의 경우는 단순히 두 문장을 연결할 뿐으로, 뒷문장에 걸리는 힘이 약하기 때문에「ます」를 생략하면 이상해진다.

한국어에서는 연체수식어로 공손어를 사용할 수가 없다. 접속조사의 경우도「~면」과 같이 강한 접속력을 갖는 경우에는 공손체를 사용할 수 없다. 이에 비하여「~만」과 같이 접속력이 약한 경우에는 공손체를 사용하지 않으면 안 된다. 여기를 보통체로 하면 문 전체를 보통체로 해야 된다. 한국어에서는 이 원칙이 철저하기 때문에, 이 점에 대해서 오용이 나타나는 경우는 없다.

일본어에서는 과잉이라고 지적받으면서도 연체수식어로 공손어가 다용되고, 한국어에서는 그것이 불가능한 이유를 활용형의 형태의 차이에서 구할 수도 있다. 일본어에서는 동사의 연체형(連体形)과 종지형(終止形)이 같다. 그래서 연체형과 종지형을 의식적으로 구별하지 않아도 되게 되어 있다. 그 결과로서, 본래는 종지형인「です · ます」를 문중에서 연체형 등으로 사용해도 별로 부자연스러움을 느끼지 않는 것이다.

한편 한국어에서는 연체형과 종지형의 형태가 다르다. 연체형이 필요한 곳에 종지형을 사용하는 것은 허용되지 않는다. 그리고 한국어의 공손어「입니다 · 습니다」는 종지형만이 있고 연체형은 없다. 접속조사「~만」에 접속하는 경우에만 문중에서「입니다-만 · 습니다-만」과 같이 공손표현이 나타난다. 그러나 이것은 예외적인 현상이다. 같은 역접조사라도「~나」의 경우에는 공손어를 접속할 수 없다.

문장의 중간에「ます」를 사용하는 것이 부적절하다는 지적은 오이시(大石, 1983:324)에도 보인다. 오이시(大石)는「異名を取りました藤野さん(별칭을 부여받은 후지노씨)」「お客様が待っていますから(손님이 기다리고 있으니까)」와 같은 표현에 대해「정중어에서 존경어로의 오용」이라고 평가하고 있다.

이들을 오용이라고 하는 것은 지나치게 규범에 얽매인 결과로 볼 수 있다. 이와 같이 문중에 나온「ます」를 한국어로 표현하고자 해도「습니다」를 사용할 수 없다. 오이시(大石, 1983:349-350)는「続キマシテ…」「シタガイマシテ…」「光ッテ見エマス川…」등의「ます」는 없애는 것이 좋다는 견해를 피력하고 있다.

문장의 중간에「ます」가 사용되는 것은 일반적으로는 용인되고 있다. 그러나「ます」와「です」가 동시에 나타나는「そんなことは言いませんです」와 같은 표현은 요즘에도 종종 들리지만 확실히 오용이다. 이 표현은 화자의 청자에 대한 과도한 겸손 혹은 비굴함마저도 나타나는 표현이다.「少納言」에서 다음과 같은 예를 찾을 수 있다.

(11) a) *首相, このたびはご帰国おめでとう存じますです。
(총리님, 이번 귀국을 축하드립니다)

b) *私はそうは思いませんです。
(저는 그렇게는 생각하지 않습니다)

「ますです」의 부적격성에 대해서는 니시다(西田, 1987:110)와 오이시(大石, 1983:339)에도 지적이 있다. 니시다(西田)는,「ますです」「ませんです」「ましたです」와 같은 표현은「일반적이 아니다」라고만 하고 있다. 오이시(大石)는,「アリマスデスカ」는 부자연스러운데,「オ起キナサイマスデスカ」는 인정할 수 있다는 의견을 제시하고 있다. 그러나 이와 같은 표현은 전체적으로 부적격한 문장으로 보는 것이 타당하다.

예외는 있다.「~でしょう」는「ます」의 현재형 혹은 과거형과 연결하여 표현할 수 있다. 이 경우의「でしょう」가 시제가 아니라 추량을 나타내고 있기 때문이다.

(12) a) どなたかサイトをご存知の方いらっしゃいますでしょうか？
(누군가 사이트를 아시는 분 계시나요?)

b) 何か問題とか, ありましたでしょうか？
(뭔가 문제 같은 것 있었습니까?)

위에서 본 바와 같이「ます」는 연체수식어로 문중에 나타나는 경우가 있지만, 같은 공손어인「です」는 연체수식어로 문중에 나타나지 않는다.「私が申し上げました件」은 말할 수 있지만,「非常に有名です人」라고는 하지 않는 것이다. 접속조사의 경우에도「そこにつきますならば」는 할 수 있는데,「これがいい本ですならば」는 사용할 수 없다.「ます」는 동사활용형에 접속하고,「です」는 체언·형용사 등 원형에 접속하는 것과 관계가 있다고 할 수 있다. 또한,「私が行きますです」와 같이「ますです」는 들리는데,「これは本ですます」와 같은「ですます」는 들리지 않는 것도 흥미로운 일이다.

단, 연체수식어가 아니면「です」가 문중에 나타나는 경우도 있다. 역접조사의「~ですが」등이 문중에 사용되는 것은 말할 것도 없다. 그러나 역접이 아니더라도「です」가「ます」와 마찬가지로 문중에 나타나는 경우가 있다. 예를 들면,「~でして」와「~まして」,「~ですと」와「~ますと」,「~でしたらば」와「~ましたらば」등은 불필요하다고도 할 수 있겠지만, 현실의 언어생활에서는 공손도를 높이는 표현으로 정착되어 있다. 이와 같은 표현은 오용이 아니다. 이 경우에도「です系」보다도「ます系」가 훨씬 많이 사용된다.

(13) a) これをピークといたしまして, 制度の維持は可能であるという試算になっております。
(이것을 피크로 해서 제도의 유지는 가능하다고 하는 시산이 나왔습니다)

b) それにいたしましても，やはり国全体から見ますと，御指摘のような格差のあることも事実であります。
(그렇다곤 하더라도 역시 국가 전체로 보면 지적하신 바와 같은 격차가 있는 것도 사실입니다)

c) 時間がありましたらば，両方についてお答えいただきたいと思います。
(시간이 있으시다면 양쪽에 대해 대답을 듣고 싶습니다)

단, 같은 형태이더라도「~と思う」와 같이 전후가 거의 일체화되어 있는 경우에「です・ます」로 연결하면 오용이 된다. 그럼에도 불구하고 다음과 같은 비적격문을 찾을 수 있다. 아래의 비적격문은「少納言」에서 찾은 실제의 용례이다.

(14) a) *彼氏にすべきではないですと思いますよ。
⇒ 彼氏にすべきではないと思いますよ。
(남자친구로 해서는 안 된다고 생각해요)

b) *理屈に合わなくても直すことのできないものもありますと思います。
⇒ 理屈に合わなくても直すことのできないものもあると思います。
(이치에 맞지 않더라도 고칠 수 없는 것도 있다고 생각합니다)

이상, 공손어에 대하여 살펴보았다. 현대의 경어는 고대의 경어에 비해 간략화하고 있다는 논의는 종종 접할 수 있다. 이때는 주로 소재경어가 논의의 대상이다. 소재경어의 용법은 확실히 단순화하고 있기 때문이다.

그러나, 공손어를 중심으로 한 대자경어는 오히려 복잡화하고 있는 경향마저 있다. 이것은, 현대의 경어가 면전의 청자에 대한 언어 사용에 그 중심을 이동시키고 있다는 것을 나타내는 것이다. 전통적인 종축(縱軸)의 인간관계에 근거한 용법이 새로운 횡축(横軸)의 인간관계에 있어서의 용법으로 변하고 있다고도 할 수 있다.

현대경어와 고전적인 경어에 있어서는 인간을 바라보는 관점이 다른 것이다. 고전적인 경어에 있어서는 신분적인 상위하위관계에 근거하여 필연적으로 경어를 사용하였다고 한다면, 현대에 있어서는 상대적인 인간관계와 각각의 상황에 따라 필요성을 가지고 경어를 선별하여 사용하고 있다고 할 수 있다.

이것은 일본어뿐만 아니라 한국어의 경우도 마찬가지이다. 한국어의 경어도 종적인 상하관계에서 행해지던 것이, 현대의 경우에는 청자경어에 그 중점이 놓여 있고, 그것도 화자와 청자와의 상대적인 상하관계, 입장에 의한 강약관계 등의 요소에 좌우되는 경우가 많아지고 있다.

과거에는 상위자가 면전에 없더라도 철저하게 소재경어가 사용되었지만, 현대어에 있어서는 상위자가 면전에 없으면 소재경어를 사용하는 비율이 많이 줄어드는 추세에 있다. 이것은 곧 청자를 눈앞에 두면 경어를 사용하게 된다는 뜻이 되고, 거기에서 대자경어가 장면에 의해 보다 복잡하게 발달하게 된 것이다. 그 청자중시 · 장면중시의 경향은, 또 비경어까지를 포함하여 널리 대자대우표현을 발달시키는 요인이 되어 있다.

본장에서는, 형식적인 공손어에 한정하지 않고, 여러 종류의 표현형식에 의한 공손표현을 취급하였다. 일본어에서는 전치표현이 의례적인 용법도 포함하여 다용되고, 격식 차린 장면에서는 대체표현이 특징적으로 사용되기도 한다.

그러나, 공손표현과 공손한 의식과의 관계에 있어서는 일본어와 한국어에서 공통성이 보인다. 예를 들면, 한자어에 의한 표현이 고유어에 의한 표현보다 공손도가 높다는 인식을 갖고 있는 점, 의뢰표현에 있어서 부정문을 사용하는 편이 긍정문을 사용하기보다 공손하다고 인식하고 있는 점 등은 양언어에 공통되어 있다.

단, 겸양성을 갖는 대자대우표현에 있어서 양언어는 대조적이다. 일본인은 수동형의 표현을 사용함으로 인해 화자의 겸손한 효과를 얻는 경우가 많은데, 한국인은 능동형을 사용함으로 인해 겸손하기보다도 주관적으로 표현하는 경우가 많다. 일본어에서는 타자본위의 표현이 즐겨 사용되는데 비하여, 한국어에서는 자기본위의 표현이 즐겨 사용되는 것이다.

제6장
품위를 더하는 미화어

1. 미화어란
2. 특정형의 미화어
3. 일반형의 미화어
4. 미화접두사「お」의 특성

1. 미화어란

미화어(美化語)란 화자가 표현의 소재를 미화하여 표현함으로서 화자자신의 언어적 품위를 배려하기 위한 것이다. 화자자신의 언어적 품위를 위한 표현이기 때문에 경어에 포함하지 않고 대우표현에만 포함시키는 경우도 있다. 그러나 그 언어적 품위를 지킨다는 것은 상대방에 대한 배려라고 볼 수 있기 때문에 경어의 일종으로 보는 경우가 많다.

「경어의 지침」(2007)에서도 경어를 구성하는 한 축으로 간주하고 있다. 동 지침(p.21)에는 미화어에 대하여「ものごとを, 美化して述べるもの (매사를 미화하여 표현하는 것)」이라고 아주 간략하게 정의하고 있다.

이와 같이 일본어에는「미화어」라 불리는 경어의 한 범주가 있다. 일본어와 한국어의 경어의 각 영역 중에서 형태적인 상위점이 가장 큰 미화어는 일본어에 특징적으로 발달되어 있는 대우표현의 한 형식이다.

본장에서는 먼저 미하어에 대한 개념을 파악하고, 비화어가 일본어의 경어체계에서 어떠한 위치에 있는지를 살펴보도록 한다. 그 후에, 특정형과 일반형에 의한 미화어의 종류와 특성, 기능에 대하여 종합적으로 논한다.

「미화표현」은 주로 미화어에 의해 표출되는 표현을 말한다. 미화어는「お酒, お料理」와 같은 용어를 말한다. 물론, 이들은 전후 맥락상 존경어가 될 수도 있으니 주의를 요한다. 경어의 지침에 따르면 미화어로서의「お酒」는「お酒は百薬の長なんだよ。(술은 가장 좋은 약

이야)」와 같이「酒」라는 표현을 미화하여 서술하는 것이다.

미화표현은 미화어에 의해서만 표현되는 것은 아니다. 예를 들면, 다음의 (1)과 같이 소재경어만 사용하고 문말은 대자경어 없이 보통체로 표현하는「경어보통체」를 사용한 표현도 미화표현의 일종이라고 볼 수 있다.

(1) a) 月給の意味わかっていらっしゃる?
(월급의 의미를 알고 계셔?)

b) 片山さんはどれになさる?
(가타야마씨는 무엇으로 하실래?)

c) 上質のものなら, もちろんいただくわ。
(질이 좋은 것이라면 물론 받겠어)

다음의 (2)와 같은「친애표현」도 같은 맥락에서 미화표현의 한 방법이라 할 수 있다. 위의 (1)과 다음의 (2)가 명확하게 구별되는 것은 아니다. 경어보통체는 주로 동년배인 상대방에게 사용하는 경우가 많고 친애표현은 주로 손아랫사람에게 친근감을 표시하기 위해 사용하는 경우가 많다.

(2) a) 自分の人生だから, 思うようにやってごらん。東大受験に頑張ってごらん。
(자기 인생이니까 생각대로 해 봐. 도쿄대 수험에 힘써 봐)

b) 棚から紅茶のカップを取って, あたくしのところへいらっしゃい。
(선반에서 홍차 컵을 들고 내 쪽으로 오렴)

미화표현은 기본적으로 청자가 상위자인지 하위자인지에 관계없이 사용된다. 친애표현은 동등 이하나 혹은 내부자에 대하여 사용되는 것이 전형이긴 하지만, 「화자의 언어적 품위에의 배려」를 나타낸다고 하는 점에 있어서, 미화표현의 일종이라 할 수 있다. 그러나 미화표현의 중핵이 되는 것은 역시 미화어이다.

지금까지 경어에 관한 연구는 대단한 분량에 달하지만, 미화표현에 대해서는 선행연구가 많지 않다. 얼마간 존재하는 선행연구도 부분적인 연구 결과가 대부분이어서 미화어의 전체상을 파악하기는 쉽지 않다. 그러나 미화표현은 일본어의 대우표현을 연구하는데 있어서 간과할 수 없는 부분이며, 특히 한국어의 경어체계에는 발달되어 있지 않은 미화어가 일본어에는 특징적으로 발달되어 있기 때문에, 미화어에 대한 전체상을 파악할 필요가 있다.

미화어에 대한 관점에 대해 간단히 살펴보도록 하자. 미화어라는 개념은, 학교문법에서 「공손어(丁寧語)」의 일부분으로 취급되어 왔던 「お菓子 · 食べる」와 같은 부류의 용어를 「미화어」로 종합한 이래 일반화한 것이다. 미화어는 「고품어(上品語) · 품위어(品位語) · 품격어(品格語)」라고 불리는 경우도 있는데, 그 용어에서 알 수 있듯이, 소재에 대한 표현을 통하여 화자가 자신의 언어행동에 대한 품위를 지키기 위해 사용하는 경어라는 측면에 중심이 놓여 있다. 가장 일반적으로 사용되는 용어는 미화어이다.

미화어를 소재경어로 볼 것이냐, 대자경어로 볼 것이냐에 대해서는 견해가 분분하다. 미화어를 소재경어로 보는 견해는 쓰지무라(辻村, 1963), 오이시(大石, 1975), 미야지(宮地, 1976) 등에서 볼 수 있다. 이것은, 전통적인 삼분법에서 미화어를 「공손어(丁寧語)」에 분류시킨 것, 즉 대자경어로 분류한 것과 대조된다. 미화어를 청자에 대한 배려보다는 화자자신의 언어적 품위에 중심을 둔 말로 인식을 한 것이다.

미화어가 대자경어에 분류되는 경우도 있다. 예를 들면, 기타하라(北原, 1988), 기쿠치(菊地, 1994) 등에서 이와 같은 견해를 볼 수 있다. 미화어를 대자경어로 분류하는 입장에서는, 미화어가 청자를 의식하여 사용되는 점에 중심을 두고 있다.

미화어는 소재경어와 대자경어의 성질을 겸비하고 있다고 필자는 판단한다. 미화어는 화제의 사항을 품위 있게 미화하여 표현하는 것이기 때문에 소재경어로서의 기능이 우선적이지만, 그 언어적 품위가 청자에 대한 배려에 의해 사용된다는 점을 감안하지 않을 수 없는 것이다. 화자의 언어적 품위를 유지한다는 것은 결국 청자에 대한 배려에 의한 것이라고 보아야 할 것이기 때문이다.

즉, 미화어는 소재에 대한 사항을 미화해서 표현하는 것이기 때문에 소재경어라고 할 수도 있고, 상대방에 대한 배려라는 차원에서 보면 대자경어에 넣을 수도 있다. 양자를 확연히 구분할 수 없는 것이다.

그렇지 않고, 화자 자신의 언어적 품위에만 의미가 있다면 그것을 경어로 취급하는 데에 무리가 따르게 된다. 경어는 소재나 대자에 언어적 경의를 표시해야 하는데, 미화어를 자기 자신에 대한 품위에만 신경 쓴다고 한다면, 논리에 적합하지 않게 되는 것이다. 화자 자신의 언어에 경의를 표시할 수는 없기 때문이다.

따라서 미화표현은, 일차적으로는 화자 자신의 품위를 유지하기 위한 것이기는 하지만, 이차적으로는 청자에의 배려를 보여주는 대우법이라고 할 수 있다. 그래서 「미화표현은 화자가 자기 자신의 언어적 품위를 유지하는 표현을 사용함으로 인해 상대방을 배려하는 표현이다」라고 정의할 수가 있다.

이와 같이 미화어는 소재경어와 대자경어의 성질을 겸비하고 있다. 그러나 형태적으로 이 두 가지를 명확하게 구별할 수는 없다. 이들은 어디까지나 기능상의 구별이기 때문에, 어느 미화어인지는 문맥에 의해, 혹은 개인의 언어습관에 근거하여 판단할 수밖에 없다.

미화표현은 사회적으로 터부시되어 있는 말을 피하여 귀에 거슬리지 않는 말로 표현하거나, 화자의 언어적 품위를 유지하기 위하여 사용된다. 따라서 미화표현이 사용될 때, 제반 상황에 있어서의 상하관계나 친소관계는 고려가 되지만, 특별히 경의를 나타내고자 하는 의식은 강하지 않다고도 할 수 있다. 그래서 품위어나 품격어와 같은 다른 용어가 대두되기도 하는 것이다. 이하, 일본어의 미화표현에 사용되는 각종 형태를 유형별로 분류하고, 그 기능과 특징에 대해서 살펴보기로 한다.

2. 특정형의 미화어

미화어에는 특정형(특정어형)뿐만 아니라, 생산성이 매우 높은 미화접사가 존재하는 등 일정한 체계를 갖추고 있다. 전자는「食う」에 대한「食べる」,「メシ」에 대한「ゴハン」과 같이, 접사를 갖지 않는 말, 또는 접사의 첨가에 의한 것이라도 접사를 분리할 수 없는 용어를 가리킨다.「おかず」와 같이, 접사를 분리할 수 있는 것일지라도, 그 접사를 제거하면 의미가 통하지 않거나 다른 의미로 변해버리는 것, 즉 접사가 불가결의 요소로 되어 있는 것도 특정어형의 미화어로 간주된다.

후자는,「サカナ」에 대하여「オサカナ」와 같이 미화접사를 가지며, 그것을 단어의 본체로부터 분리하여 떼어낼 수 있고, 그 경우에도 기본적인 의미가 변하지 않는 말을 가리킨다. 미화표현은, 특정어형을 가진 미화어이든, 성분첨가에 의한 미화어이든, 이와 같은 미화어를 사용하여 표출되는 것이 보통이다.

먼저, 특정형으로 간주되는 미화어를 살펴보기로 하자. 특정형을 가진 미화어의 범위를 명확하게 정하는 것은 곤란하지만, 형태적인 면에 의해 몇 가지로 하위분류를 할 수가 있다. 다른 단어로 전환하여 사용하는 것도 있고, 원래 미화접사에 의해 만들어졌으나 그 접사와 본체부분이 한 단어로 고착화한 것이 많기 때문이다. 여기에서는 특정형의 미화어를, 다른 단어를 사용하는 미화어, 접사와 본체부분이 일체화한 미화어, 접사에 의해 다른 의미를 나타내는 미화어의 세 유형으로 분류하여 살펴보기로 한다.

2.1 다른 단어를 사용하는 미화어

다른 단어를 사용하는 미화어란 예를 들어 「飲食する(먹고 마시다)」에 대하여 「いただく」를 사용하는 바와 같이 품위 있는 다른 용어를 사용하는 것을 말한다. 「食う」에 대하여 「食べる」를 사용하는 것도 같은 맥락이다. 「食べる」도 원래는 미화어이지만 지금은 일반어화된 용어이다. 그래도 「食う」와 비교하면 품위 있는 표현이라는 것을 알 수 있다. 「いただく」는 더욱 품위 있는 표현이 되는 것이다. 더 거슬러 올라가면 「食べる」 「いただく」는 겸양어에서 미화어로서의 기능이 파생된 것이다.

이와 같이 보통어에 대응하는 별개의 단어로 전환하여 사용하는 것이 이에 해당하는 미화어이다. 대표적으로 「いただく (<飲食する), 食べる (<食う), おいしい (<うまい), やしき (<家), やすむ (<寝る), あげる (<やる)」 등을 들 수 있다. 다음과 같은 표현은 미화어로 사용된 것이다.

(1) a) わたしは—そうね, ブラックをいただこうかしら。
(나는 글쎄, 블랙을 먹을까 봐)

b) ミントなどのハーブを混ぜ込んでもおいしくいただけます。
(민트 등의 허브를 섞어 넣어도 맛있게 먹을 수 있습니다)

c) きのこをおいしくいただくには, 風味や食感が楽しめるように高温でさっと火を通すのがいちばん。
(버섯을 맛있게 먹으려면 풍미나 식감을 즐길 수 있도록 고온에서 살짝 익히는 게 최고)

d) やっぱり自家製はおいしいね。
(역시 집에서 만든 것은 맛있네)

「あげる」에 대해서는 겸양어로서도 논란의 대상이지만, 미화어로서도 논란이 많다. 특히, 「子供に牛乳をあげる (아이에게 우유를 주다)」「魚に餌をあげる (물고기에게 먹이를 주다)」와 같이 어린아이나 동식물에 사용할 경우가 논란의 대상이다. 그러나 현재는 미화어로 정착되어 가는 과정이라고 생각할 수 있다. 오이시(大石, 1983)는, 「植木に水をあげてちょうだい」「うちの子は本を買ってあげてもさっぱり読まないんですよ」와 같은 표현을 「문제경어」로 들고 있다. 그러나, 이와 같은 표현은 일반적인 미화어의 용법으로 이미 정착되어 있다고 할 수 있을 것이다.

미화어는 여성이 다용한다는 특징이 있다. 단어를 전환하여 사용하게 된 미화어의 유래에 있어서도 여성의 언어사용과 관련이 깊다. 다음의【1】은 「뇨보고토바(女房詞)」에서 비롯된 것이다. 「뇨보고토바(女房詞)」는 무로마치막부(室町幕府, 14~16세기) 초기 경부터, 황실에서 일하던 궁녀(女官)들에 의해 사용되기 시작한 일종의 은어를 말한다. 음식물, 의복, 일상 생활용품에 관한 것이 많고, 품위 있는 말로 인식되어 있다.

【1】いしいし(<団子), いと(<納豆), 井の中(<水), いりいり(<炒り豆), おかか(<鰹節), おかべ(<豆腐), お冷や(<冷や水), お冷やし(<冷水), なす(<なすび), なみのはな(<塩), むらさき(<醤油)

「뇨보고토바(女房詞)」의 일종에 「모지고토바(文字詞)」라는 것이 있다. 「모지고토바(文字詞)」란 어떤 단어 첫머리의 1음절이나 2음절에 「文字(もじ)」라는 용어를 덧붙여서 표현하는 말을 가리킨다. 중세후

기의「뇨보고토바(女房詞)」에서 기인한다.『広辞苑』에 등재된「모지고토바(文字詞)」중에서 원래의 단어를 제시하면 이해할 만한 용어를 싣는다. 현대어에서 사용하고 있는 것도 있다. 앞에 있는 단어가「文字詞」이고 괄호 안에 있는 것은 원래의 단어를 가리킨다.

【2】あもじ(<姉), いそもじ(<いそがしい), いもじ(<いか), えもじ(<えび), おすもじ(<御寿司), おはもじ(<おはずかしい), おめもじ(<お目にかかる), かもじ(<母さん), かもじ(<髪), くもじ(<九献；酒), ごしんもじ(<御親切), ごそくもじ(<御息災), こもじ(<鯉), さもじ(<鯖), しゃもじ(<しゃくし), すもじ(<寿司), にもじ(<にんにく), ねもじ(<ねぎ), はもじ(<恥ずかしい), ふたもじ(<にら), ふもじ(<ふな), みもじ(<味噌), ゆもじ(<湯巻), わもじ(<若者)

터부에 의해 생겨난「이미고토바(忌み言葉)」도 언어상의 품위유지와 수용자에 대한 배려라는 측면에서 단어전환에 의한 미화어의 일종으로 간주할 수 있다. 이미고토바(忌み言葉)에는 어떤 단어의 사용을 피하고자 하는 의미와, 그로 인해 생겨난 대용어를 가리키는 두 가지의 측면이 있다.

터부에 의해 생겨난 몇 가지를 살펴보자.「梨(なし)」는「無し」를 연상시킴으로「ありの実」로 표현하고,「猿(さる)」는「去る」를 연상시킴으로「えて公」로 표현하는 수가 있다.「するめ」는「磨る」를 연상시킴으로「当たりめ」로 변환하고,「すり鉢」를「あたり鉢」라 하는 것도 마찬가지이다.「終わる」를「お開きにする」로,「あし」를「よし」로,「硯箱」를「あたり箱」로 대용하는 것도 같은 발상에서 비롯된 것이다.

2.2 접사와 본체가 일체화한 미화어

접사가 첨가되어 만들어지기는 하였지만 접사와 본체가 일체화되어 사용되는 미화어가 있다. 이와 같은 미화어에는 접두사를 붙이는 대신에 단어의 일부를 생략한 미화어도 있다.

아래의【3】은 접두사의 첨가와 동시에 단어의 후반부를 생략한 미화어이다. 이 경우, 원래 단어의 음절 길이에 관계없이 모두 전반의 2음절을 남기고, 거기에「お」를 첨가하는 형태를 취한다.

【3】おいた(<いたずら), お薄(<薄茶), おかき(<かき餅), おこた(<こたつ), おさし(<刺身), おさつ(<さつまいも), おじゃが(<じゃがいも), おたま(<卵・お玉杓子), おつけ(<つけ汁), おつむ(<つむり), おでき(<できもの), おでん(<田楽焼き), おねしょ(<寝小便), おはつ(<初物), おひや(冷水・冷飯), おめざ(<目覚め)

이와 같은 미화어는 여성어로 부를 수 있을 정도로 여성전용어적인 성격이 강하다. 이들은 유아어의 성질도 있고, 친애어적 성질도 있다. 남성이 사용하는 경우는 드물다. 이들도「뇨보고토바(女房詞)」에서 비롯된 것이 대부분이다.「おひや」를「冷や酒」의 의미로 사용하는 경우도 있는데「ひや」만 말할 때는 일반적으로「酒」를 나타낸다. 이 경우도 일종의 미화어로 간주할 수 있다.

다음은 접두사와 본체 부분이 일체화한 미화어이다. 이들은 접두사를 제외하면 일반적으로 단어가 성립하지 않거나 매우 어색하게 된다. 이하는 최대한 객관성을 염두에 두고 분류한 것이지만, 견해의 차이가 있을 수 있다는 것을 전제로 한다.

【4】おあつらえむき, お色直し, おかわ(御厠), お下がり, おさきまっくら, おさらい, お産, お辞儀, おじや, おしゃべり, おしゃま, おじゃん, おしっこ, おしんこ, おすそわけ, おすまし, お歳暮, お世辞, お節, おせっかい, お互いさま, お多福, お玉杓子, お為ごかし, お中元, お銚子, お調子もの, おちょこ, おちょぼ口, お手上げ, おでこ, お手のもの(<特技), おでまし, お天気屋, おてんば, おとぎ話, お年玉, おなら, お化け, お人よし, おひらき, おひろめ, お福分け, おふだ, お古, おませ, おまる, お神酒, お宮, おむつ, おもちゃ, おやつ, ごちそう, ごはん

이들이 접사 없이 사용되는 경우는 거의 없다. 이미 대우성 그 자체를 느낄 수 없을 정도로 일체화되어 있다. 예를 들면「ごはん下さい」 대신에「はん下さい」라고 하면「도장 주세요」라는 뜻이 되지,「밥 주세요」의 뜻으로는 통하지 않게 된다. 따라서 남성의 경우도 접사를 붙여서 사용한다.

【4】에는「お」가 첨가되어「그 동작이나 상태에 근거한 사람」을 나타내는 경우가 있다. 예를 들면,「おしゃべり」는「喋ることの好きな人」,「おませ」는「ませている子供」,「お澄まし」는「澄まして気取る人」의 뜻을 각각 나타낸다.「おしゃべり」는「よくしゃべること」,「お澄まし」는「澄まし汁」의 뜻도 있다.「お歳暮」「お中元」의 경우도「贈り物」라는 의미에서 한단어화된 것으로 볼 수 있다.

신불(神仏)에 대한 외경(畏敬)에서 비롯되어 미화어로 쓰이고 있는 것이 있다. 존경어가 미화어로 전환된 것이다.「おそなえ, おふだ(お札), お宮, お飾り, お寺, お守り, お神輿」 등이나, 의식적(儀式的)으로 사용되는「お三が日, お七夜, お節句, お神酒」 등이 그러한데, 이들은 관점이나 사용 환경에 따라 해석을 달리할 수 있다.「경어의 지침」에서는「御祝儀」를「御 (ご)」가 붙는 미화어의 대표로 들고 있다.

접사와 본체부분이 일체화한 미화어의 사용 예를 들어보자. 이하는 전부「少納言」에서 채취한 실제의 예이다.

(2) a) 私はガイドを見て, 妻と息子たちにおあつらえむきの場所を見つけた。
(나는 가이드를 보고 아내와 아이들에게 안성맞춤인 장소를 찾았다)

b) おばさんはミッケルに, おせじたっぷりに言いました。
(아줌마는 미켈에게 엄청 입발림 소리를 하였습니다)

c) 天然塩をおちょこのような容器に入れて水槽の底に沈めるのです。
(천연염을 작은 술잔 같은 용기에 넣고 수조 밑에 가라앉히는 겁니다)

d) 木の陰で弁当を食べながら, 世間話とか, 田植えのこととかいろいろおしゃべりをしました。
(나무 그늘에서 도시락을 먹으면서, 세상 이야기라든가 모내기 얘기 등 많은 수다를 떨었습니다)

e) 弁当屋からスタートした経歴もあり, 家庭料理はお手のものだ。
(도시락 가게부터 시작한 경력도 있어서 가정요리는 능숙하다)

2.3 의미가 전환되는 미화어

「お」를 첨가함으로 인해 의미가 바뀌는 것이 있다. 예를 들면,「おかっぱ(단발머리)」는「かっぱ(河童, 상상의 동물)」에서 유래하지만 두 단어는 전혀 다른 의미를 나타낸다. 마찬가지로,「おしゃか(불량 제품)」와「しゃか(釈迦, 석가)」는 전혀 다른 것이다.「釈迦」의 경칭은「お

釈迦」에 「様」까지 붙여서 「お釈迦様」라고 하는 것이 보통이고, 「おしゃか」는 「出来損ないの品」를 나타내는 것이 일반적이기 때문이다. 또한, 「にぎり」라고 하면 「握り寿司(초밥의 한 종류)」를 가리키는 것이 보통인데, 「おにぎり」는 「おむすび」라고도 하는 다른 종류의 음식물인 「주먹밥」을 가리킨다. 이들은 이미 한단어화한 일반명사로 볼 수도 있을 것이다.

다음의【5】에 제시한 것은 「お」를 첨가하기 전의 단어도 의미는 다르지만 일반적으로 사용되는 용어의 예이다.

【5】お愛想(<勘定), お足(<銭), お鏡(<餅), おかげ, おかず, お勝手(<台所), おかっぱ, おかど違い, お釜(<男色), お殼, お冠(<不機嫌), おぐし(<髪), お寒い (<貧弱だ), お三時, お下, お釈迦(<不良品), お酌, お洒落, おしろい, お墨付き(<保証書), お代, お題目(<主張), お宝(<金銭), おつゆ, お手玉, お手前, お手もと(<箸), お手盛り, お天気(<機嫌), おなか(<腹), お荷物(<厄介者), おはぎ(<牡丹餅), お鉢, お花(<華道), お針(<裁縫), お昼(<昼御飯), お袋, お眼鏡(<鑑識力), お目玉, お安い (<簡単だ), ご不浄

이 중에는 「お門違い」와 같이 「お」를 제거하면 사용할 수 없는 것처럼 생각되는 것도 있고, 「お眼鏡」와 같이 「お」가 없어도 같은 뜻으로 사용할 수 있는 것들도 있다. 그러나, 「門違い」라고 하는 말은 「찾고자 하는 집을 잘못 찾은 것」이란 뜻으로 사용되며, 「お門違い」는 「門違い」의 의미에서 전환되어 「見当違い(엉뚱함)」를 나타내게 된 것이다. 또한 「お眼鏡」는 「감식력(鑑識力)」을 나타낸다고 하는 뜻에서 「お」의 첨가에 의해 「眼鏡」에서 의미의 전환이 발생되어 있다.

이와 같이【5】의 예도 접두사와 일체화되어 있기 때문에「このおかず, おいしいね」를「このかず, おいしいね」로는 표현할 수가 없다. 실제로 쓰인 예를 제시하면 다음과 같다.

(3) a) 何とか, 雑誌や新聞などを, かさばらずお洒落に保管する方法はないでしょうか?
(어떻게, 잡지나 신문 등을 부피가 크지 않고 멋있게 보관하는 방법이 없을까요?)

b) 一歩家の中へ入るや, 行き届いた暖房設備のおかげで, 快適な室内の暮らしが待っている。
(한 발짝 집안으로 들어가면 잘 갖춰진 난방시설 덕분에 쾌적한 실내 생활이 기다리고 있다)

c) それを正さずして, 忍耐とか精神力などという, 形だけのお題目を唱えても, 何もならない。
(그것을 고치지 않고, 인내라든가 정신력 등과 같은 모양새만의 주장만 늘어놓아 봤자 아무런 의미도 없다)

d) たとえば中年になると, たいていの方はお腹が出てきます。
(예를 들어 중년이 되면 대부분은 배가 나옵니다)

e) 支局長からお目玉をくらったり, 取材した方からお叱りを受けたりして, 落ち込んでいたところです。
(지국장한테 꾸중을 듣고, 취재한 분한테서 야단을 맞기도 해서 침울한 상태입니다)

「お」가 용언의 연용형에 접속되어 다른 의미의 명사로 사용되는 것이 있다. 이런 종류의 예를 모았다.

【6】お返し, お抱え, お飾り, おかわり, おくるみ, お下げ, おしめ,

お忍び，おしぼり，おしゃぶり，おしゃれ，おすそわけ，お付き(<付き人)，おつくり(<刺身)，お付け(<味噌汁)，お告げ，おつとめ(<勤務)，おつもり，お出来，お手伝い，お手盛り，お通し(<突き出し)，おながれ，お成り，おにぎり，お化け，おはじき，お払い(<不良品)，お浸し，おひねり(<祝儀)，お参り，おまけ，お守り，おまわり(<巡査)，おむすび，おめかし，お持たせ，お笑い

이와 같은 예는 접사의 첨가에 의해 명사화함과 동시에 의미가 전환되고, 동작동사가 구체적인 사물을 가리키게 되는 경향이 있다. 예를 들면「しぼる, しゃぶる, つくる, はじく」등의 동작동사에서「おしぼり, おしゃぶり, おつくり, おはじき」등과 같은 구체적인 사물을 가리키는 말로 변환된다.

(4) a) 今の私には，それに対して何のお返しもできません。
(지금의 저로서는 그것에 대하여 아무것도 돌려드릴 것이 없습니다)

b) 出品者さまから，端数や送料の一部をおまけしていただいたことがありますが，やはり，うれしかったです。
(출품자 분께서 우수리와 배송료의 일부를 깎아주신 적이 있는데, 역시 기뻤어요)

c) 野菜のみそ漬けを刻んで温かいご飯に混ぜ，おむすびを作ってきな粉をまぶす。
(야채 된장절임을 썰어서 따뜻한 밥에 비비고, 주먹밥을 만들어서 콩가루를 묻힌다)

d) 先ほど，昼飯に外出たらカフェレストランのテラスで赤ん坊のおしめを交換していました。
(아까, 점심 먹으러 밖에 나갔더니 카페레스토랑의 테라스에서 아기의 기저귀를 갈고 있었습니다)

접사의 첨가에 의해 한단어화한 것에 대한 이해를 돕기 위해 「お」가 첨가된 형태로 기초어휘집에 실린 미화어를 살펴보도록 하자. 「お」가 첨가된 형태로 실렸다는 것은, 그 자체가 한단어로 인식되어 있다는 뜻으로 해석할 수 있기 때문이다. 비모어화자의 일본어 학습자를 위한 『品詞別 · レベル別 1万語語彙分類集』에 「お」가 첨가된 형태로 실린 용어 중에서 미화어로 기능할 수 있는 것을 들면 다음과 같다.

【7】おいしい, お祝い, お帰り, お陰, お菓子, おかず, お金, お代わり, お気に入り, お辞儀, お絞り, お仕舞い, お喋り, お洒落, おしろい, お歳暮, お世辞, お節料理, お節介, お互い, お茶, お中元, お釣り, お手洗い, おでこ, お手伝い, お年玉, お共, おなか, おなら, お握り, お願い, お化け, お早う, お参り, お前, おまけ, お守り, おみくじ, お神輿, お土産, おめでとう, おもちゃ, お休み, お八つ, お礼, お詫び, お椀

이 분류집에는 인사말로 패턴화된 용어도 한단어로 분류되어 있다. 「お帰り, お早う, おめでとう, お休み, お帰りなさい, お陰様で, お粗末様, お休みなさい」 등이 그렇다. 이것은 일상생활에서 기초어휘로 이해하고 있어야 된다는 뜻이기도 하다.

또한 여기에는 「お菓子, お金, お気に入り, お茶, お釣り」 등도 한단어로 실려 있다. 그러나 이들은 접사의 분리가 가능하기 때문에 성분첨가에 의한 것으로 간주할 수도 있다. 「お菓子, お茶, お釣り」 등은 남녀를 불문하고 「お」의 첨가에 의한 형태로 사용하는 경우가 일반적이긴 하지만, 접두사 없이 사용하는 경우도 종종 있기 때문이다. 이 밖에 「お」가 첨가된 형태로 실려 있는 용어로 「お医者さん, お母さん, お祖父さん, お嬢さん, お手伝いさん, お父さん, お兄さん, お姉さん, お祖母さん, お袋, お坊さん, お巡りさん」과 같은 호칭과 존경어 「お出で, お宅, お目にかかる」가 게재되어 있다.

(5) a) 昨日はお休みを頂いて県境まで車で走ってきました。
(어제는 휴가를 받아서 현의 경계선까지 자동차로 다녀왔습니다)

b) サキのおでこから, あせがしたたり落ちる。
(사키의 이마에서 땀이 방울방울 떨어진다)

c) 気がかりというほどでもないが, 元気づけにお八つを届けることにした。
(걱정이 될 정도는 아니지만, 격려 차원에서 간식을 갖다 주기로 했다)

3. 일반형의 미화어

접두사의 첨가에 의해 규칙적으로 생산되는 미화어에 대하여 살펴보자. 미화어에 쓰이는 접두사는「お」가 대부분이다. 일반적으로 접두사「お」는 고유어에 첨가되고, 한자어에는「ご」가 첨가되기 쉬운데, 미화어의 경우에는 고유어 · 한자어를 불문하고 그 대부분이「お」에 의하여 만들어지는 것이다. 거꾸로 말하면「お」에 의한 용어가 미화어로 기능하기 쉽다고도 할 수 있다. 일본어에서는 접두사「お」에 의해 미화표현이 생산적으로 산출된다.

접두사의 첨가에 의한 것으로 그 접두사를 제거하더라도 단어의 뜻은 변하지 않는 명사의 미화어를 들어 보자. 다음의【8】은 고유어에「お」가 첨가된 예이다.

【8】お味, お遊び, おいも, おうどん, お噂, お絵描き, おかぐら, お金, おかゆ, お気に入り, お紅茶, お小皿, お琴, お米, お献立, お魚, お酒, お刺身, お皿, お塩, お尻, お汁粉, お酢, お鮨, お炭, おそと, おそば, お団子, お乳, お机, おつまみ, お釣り, お手洗い, お寺, お隣, お中日, お名残, お馴染み, おなす, お鍋, おねぎ, お箸, お橋, お肌, お花, お昼, お部屋, お豆, おまんま(〈御飯), お水, お耳, お見合い, お見事, お土産, おめでたい, おやすみ(〈休暇 · 休業), お湯

자신의 신체 일부분에 대해「お肌, お顔, お口」라고 하는 것은 그 자체에 대자대우성이 인정되기 때문에 사용이 불가하다고 할 수 있으나,「お肌」의 경우는 이미 안정권에 들어있다고 할 수 있다.【8】에서의「お花」는 일반적인「꽃」이고,「華道」를 나타낼 때는 특정어형이 된다.

(1) a) ソファーは弾力性を失っていて, 座ると私のお尻の形に沈んでいった。
(소파는 탄력성을 잃어서, 앉으면 내 엉덩이 형태로 꺼져 갔다)

b) 子ども用のお絵描きソフトとして使われているが, 僕にとっては, なくてはならない重要な道具だ。
(어린이용의 그림그리기 소프트로 사용되고 있는데, 나에게는 없어서는 안 되는 중요한 도구이다)

c) しかし人間はミルクという牛のお乳を飲ませる事によって, 本来の姿を忘れてしまったのです。
(그러나 인간은 밀크라고 하는 소의 젖을 먹임으로 인해 본래의 모습을 잃어버린 것입니다)

d) 社がそれによって受ける利益は, きみへの出費を差引いても, かなりのおつりがくるくらいだろう。
(회사가 그것에 의해 얻는 이익은, 자네에의 비용을 뺀다고 하더라도 상당한 액수의 득이 있을 정도일 거야)

e) お噂は妹から耳にしておりますわ。
(여동생한테서 말씀은 듣고 있습니다)

f) おまんまだけは十分に食わしてやらあ。
(밥만큼은 충분히 먹여줄 겨)

한자어에「お」가 첨가된 예가 다음의【9】이다.「お愛想, お辞儀, お酌, お椀」등은 한자어에「お」가 첨가되어 특정형으로 간주된 예였다. 한자어에「ご」를 붙이는 미화어는「ご褒美, ご本, ご祝儀」등이 예외적으로 존재할 뿐인데,「ご褒美, ご祝儀」의 경우는 거의 일체화되어 있다. 특정형으로 앞에서 제시한「ご馳走, ご飯」등은「ご」의 첨가에 의한 특정형으로서도 예외적인 존재이다.

【9】お菓子, お経, お行儀, お稽古, お化粧, お財布, お裁縫, お砂糖, お作法, お散歩, お支度, お写真, お習字, お上品, お醤油, お食事, お世話, お煎餅, お題, お大根, お茶, お茶碗, お天気, お電話, お道具, お豆腐, お得意, お二階, お肉, お荷物, お人形, お彼岸, お布団, お勉強, お弁当, お返事, お帽子, お盆, お面, お約束, お野菜, お洋服, お料理, お礼

한자어에도「お」가 붙는 것이 일반적인 것은 미화어가 여성의 언어행동과 깊숙이 관련되어 있기 때문이다.【9】도 주로 여성이 자주 사용하는 미화어이다.「お天気, お荷物」와 같은 것은 특정형에도 있었으나 여기에서는 특수한 의미가 아니라 일반적인 의미로 쓰인 것이다.

(2) a) そこ中心に遊ぶようにお約束を作れば, 部屋が自然に片づくようになりますよ。
(거기를 중심으로 놀도록 약속을 만들면, 방이 자연스럽게 정리가 됩니다)

b) メールのお返事書きは結構できたかな。
(메일의 답신 쓰기는 꽤 됐을까?)

c) お天気がとっても良くてポカポカ陽気だったので, お弁当は屋外のテーブルで頂きました。
(날씨가 아주 좋고 포근하였기 때문에, 도시락은 옥외에 있는 테이블에서 먹었습니다)

d) まるで, お人形のようにきれいな顔をしている。
(마치 인형과 같은 예쁜 얼굴을 하고 있다)

e) 待子さんはひと月お稽古を休んだ。
(마치코씨는 한 달간 연습을 쉬었다)

외래어를 미화어로 만들 때도 접두사「お」가 사용된다.「おコップ, おトイレ, おビール, おケーキ, おソース, おズボン」과 같은 표현은 여성 전용어적인 성격이 강하다. 단, 외래어에「お」를 첨가하는 것은 별로 일반적이지는 않다.「おチョッキ, おくつした」등은 접두사를 생략하는 편이 좋다. 그러나「おトイレ, おビール」등은 안정권에 들어 있다고 할 수 있다. 외래어에「お」를 첨가하는 미화어는 특히 시대의 흐름에 민감하게 반응한다고 할 수 있다.「おパン」과 같은 표현은 근래에는 듣기 어렵지만,「おニュー」와 같은 표현은 근래에도 사용 예를 쉽게 찾을 수 있다. 이해를 위해 사용된 연도를 문장 뒤에 표시한다.

(3) a) おニューのパンツをはくのは自分に自信をつけるため。今日の私は頭のてっぺんから爪の先まで清潔よ！ (2002)
(새 팬티를 입는 것은 자신에게 자신감을 부여하기 위함이야. 나는 오늘 머리 꼭대기에서 발끝까지 청결해!)

b) ここんとこ, 部屋にこもりがちだったし, 久々に友達とおデートしてきました。(2008)
(요즘에는 주로 방안에 틀어박혀 있어서, 오랜만에 친구랑 데이트하고 왔습니다)

c) 私, おケーキが大好きです。(2004)
(나, 케이크를 엄청 좋아해요)

형용동사에「お」를 첨가하여 미화어로 사용하는 경우가 있다.「お綺麗だ, お上品だ, お手軽だ, お粗末だ」등은 화자 자신에게는 직접적으로 사용할 수 없지만, 인물을 직접 대우하는 경우가 아니면 미화표현으로 기능할 수가 있다.『キッチン』에는「私は, 2度という言葉の持つ語感のおセンチさやこれからのことを限定する感じがあんまり好きじゃない。(나는 두 번 다시라는 말이 가진 어감의 센티함이나 앞으로의 일을 한정하는 느낌을 별로 좋아하지 않는다)」와 같이 외래어의 형용동사에 미화접두사를 사용한 구절이 있다.

(4) a) きょうは桜の色のおきれいな服を着ていらっしゃいます。
(오늘은 벚꽃 색상의 예쁜 옷을 입고 계십니다)

b) ただ, 中央競馬のようにお上品なレースは考えにくい。
(단, 중앙경마와 같이 품격 있는 레이스는 생각하기 어렵다)

c) その他諸々お手軽に加工できるツールってありますか?
(그 밖에 여러 가지 간편하게 가공할 수 있는 툴이 있습니까?)

d) 教育施設はまことにお粗末なものであり, もちろん冷暖房などあるはずはない。
(교육시설은 그야말로 변변치 못하고, 물론 냉난방 등이 있을 리가 없다)

4. 미화접두사「お」의 특성

「お」는 모든 종류의 단어에 붙일 수 있는 것은 아니다.「お花」라고는 하지만「お桜」라고는 하지 않고,「お猿」라고는 하지만「お猫」라고는 하지 않는다. 또,「お上手」라고는 하지만「お下手」라고는 하지 않고,「お二階」라고는 하지만「お一階」「お三階」라고는 하지 않는다.

이것은 단순한 언어습관에 의한 것이라고 볼 수밖에 없다.「上手」는 긍정적인 의미를 나타내기 때문에「お」가 붙고,「下手」는 부정적인 의미를 나타내기 때문에「お」가 붙지 않는다고 설명할 수 있겠으나,「花」와「桜」,「猿」와「猫」의 경우는 설명이 곤란하기 때문이다.

미화어는 당연히 여성의 일상생활과 밀접한 관계에 있는 분야에 발달되어 있다. 주로 여성의 의해 사용되기 때문이다. 예를 들면 요리, 미용, 소양(素養), 육아, 구매 등을 나타내는 용어에 많이 발달되어 있다.

같은 한자어이더라도「お」의 첨가에 의한 표현이 미화어에 가깝다고 할 수 있다.「お返事, ご返事」「お祝儀, ご祝儀」「お丈夫, ご丈夫」와 같이「お・ご」를 양쪽 다 쓸 수 있는 경우를 비교해 보면,「ご」의 첨가에 의한 것이 원래의 형태이며 남성적이고 존경성분의 성격이 강한 반면,「お」의 첨가에 의한 것은 여성의 언어생활에서 비롯된 파생적인 용법이며 여성적이고 미화어의 성격이 강하다.

미화접사는 주로 접두사로 사용되지만 접사를 전후에 붙이는 미화어가 있다.「お日様, お月様, お星様, お天道様, お姫様, お雛様, お内裏様」 등이 그와 같은 예이다.「お日様」와 같은 것은 절대적인 존재에 대한 외경(畏敬)에 근거한 단어로 보면 존경어이지만, 실제적

으로는 동화적인 관점에서 사용되기 때문에 친애어적인 미화어로 볼 수 있다.

(1) a) 今日のこの天気だと, 夕焼けや夜のお月様が綺麗だろうなぁ。
(오늘의 이 날씨라면 저녁노을이나 밤의 달님이 예쁠 거야)

b) そしてお日様にいっぱい当てて即乾燥！って感じです。
(그리고 해님에게 가득 쐬어서 금방 건조! 그런 느낌입니다)

c) 干すったってまだお天道様は出ていないじゃないか。
(말린다니 아직 해님이 나오지 않았잖아)

친애어임과 동시에 미화어로도 해석되는 접미사에는「ちゃん」「さん」「や」 등이 있다.「赤ちゃん, ユキちゃん, ワンちゃん」 등의「ちゃん」,「お魚屋さん, お猿さん」 등의「さん」,「坊や, 婆や」 등의「や」 등이 그렇다.

접사가 두 개 이상 중첩되는 경우도 있다.「おみ足(御御足), おみ帯, おみ腰」는 두 개,「おみおつけ(御御御つけ)」는 세 개나 접두사가 중첩되어 있다. 이 중에서 전자는 존경어에 가깝다고 할 수 있다.「おみおつけ(御御御つけ)」는 존경어에서 미화어화한 것이다.「おみこし, おみき, おみくじ」를 현대어에서는「お神輿, お神酒, お神籤」로 표기하지만, 원래는「おみ(御御)」에서 비롯된 것으로 이들은 존경어적인 성격을 내포하고 있다.

미화접두사로 사용되는「お」는 명사에 첨가되는 경우가 가장 많다. 그러나 형용사 및 형용동사에 첨가되는 경우도 적지는 않다. 동사의 연용형에 첨가되는 경우에는 특정형이 되는 것이 보통인데,「お食べ」와 같이 일반형의 명령형이 되는 경우도 있다. 이것도 일종의 미화표현으로 볼 수 있다. 「お食べ」와 같은 경우는, 원래 형태인 「食べる」가 이미 미화어이며, 이에 비하여 「食う」를 사용하여 「お食い」라고는 할 수 없다. 존경어의 경우에도 「召し上がる」가 자연스럽고, 「お食べになる」는 불안정하며 「お食いになる」는 사용불가인 것과 동류의 현상이다.

(2) a) 声が出そうになったら, お言い。
(목소리가 나올 것 같으면 말해)

b) はやく皆に見せておやりよ！
(빨리 모두에서 보여 줘)

c) もういい加減にお止しよ, 痛いじゃないか。
(이제 적당히 그만 둬라, 아프잖아)

d) パンがなければお菓子をお食べ！
(빵이 없으면 과자 먹어)

e) 栄養ドリンクを飲んで早めにお休み。
(영양드링크 마시고 빨리 자)

「お」의 기능이 미화접두사인지, 존경접두사 또는 겸양접두사인지 판별하기가 쉽지 않을 때도 있다. 특히, 형용사 및 형용동사에 첨가되는 「お」의 경우는 그 구별이 용이하지 않다.

「お」의 기능에 대해서는 전후 문맥에 따라서 판단해야 되는 경우가 종종 있는 것이다. 미화접사로 기능하는 「お」는 「お暑い, お寒い, お安い」 등과 같이 인물을 형용하는 것이 아닌 경우에 자주 나타난다.

같은 형태이더라도 인물을 대우하는지 아닌지에 따라, 존경어가 되기도 하고 미화어가 되기도 한다. 다음의 (3)과 같이 상황을 나타내는 단어에 「お」가 첨가된 것은 미화어이다. 이에 비하여, (4)와 같이 인물을 대우하는 표현은 존경어로서의 기능이 우선적이라고 할 수 있다. 즉, (4)는 존경접두사로 봐야 한다. 결국은「写真を撮ってやることくらい, お安い御用であった。(사진을 찍어주는 것 정도는 손쉬운 일이었다)」와 같은 것은 미화어,「奥様方, お静かに願います。(사모님 여러분, 조용히 부탁드립니다)」와 같은 것은 존경어로 해석되는 것이다.

(3) a) お値段がお高いのが玉に瑕ですネ。
(값이 비싼 것이 옥에 티네요)

b) 著名人も来店するお店らしく, 金額のわりにお上品な量だったかも。
(저명인도 들르는 가게인 듯, 값에 비해 괜찮은 양이었던 것 같애)

(4) a) お背も少しお高いですから…この写真は別人です。
(키도 조금 크시니까…이 사진은 다른 사람입니다)

b) まあ, お上品な言い方だこと。
(어머, 말씀이 고상도 하셔라)

미화어보다는 존경어로서의 기능이 우선적인 것도 있다. 즉「お暑い, お寒い, お安い」등과는 반대로「お忙しい, お厳しい, お寂しい, お親しい, お強い, お優しい, お若い, おつらい」등이나「お綺麗だ, お嫌いだ, お元気だ, お上手だ, お上品だ」등은 주로 인물을 형용하는데, 이들은 화자자신에게는 사용할 수 없고, 항상 화제의 인물과 청자에 대하여 사용되기 때문에 존경어로서의 성격이 농후한 것이다. 다음의 예는 존경표현이다.

(5) a) 長屋といっても, お若い方はぴんと来ないかもしれませんねえ。
(연립주택이라고 해도 젊으신 분은 무슨 말인지 모를 수도 있겠네요)

b) レイチェルとはお親しいんですか?
(레이첼하고는 친하십니까?)

c) 奥さまはおやさしい, きれいな方でしたわ。
(사모님은 자상하시고 예쁜 분이셨어요)

「お美しい, お明るい, お堅い, お素晴らしい, お綺麗だ」와 같이 인물을 수식할 수도 있고 그렇지 않을 수도 있는 경우는 피수식어와의 관계에 의해 그 기능을 판별할 수밖에 없는 것이다. 「本当にお美しい方ですね。(정말로 아름다우신 분이네요)」와 「本当にお美しい花ですね。(정말로 아름다운 꽃이네요)」에 있어서 전자는 존경어로서의 용법이고, 후자는 미화어로서의 용법이라는 것을 이해하기 쉬울 것이다.

미화어와 존경어의 구별과 관련하여 다음 사항이 도움이 될 수 있다. 「お」가 높여야 할 대상의 소유물일 경우, 「お」가 붙은 말에는 경의가 느껴진다. 다음과 같은 예를 비교해 보자.

(6) a) 2枚目の写真の中央奥の白いお帽子が船長さんです。
(두 장 째의 사진 중앙 안쪽의 하얀 모자 쓰신 분이 선장님입니다)

b) 辻さんのご本には, そんな魔力があったのです。
(쓰지씨의 책에는 그런 마력이 있었던 것입니다)

(7) a) かわゆいお帽子かったのに, 本日は果物の選別作業でした。
(귀여운 모자를 샀는데, 오늘은 과일 선별 작업이었습니다)

b) おかあさんはひまがあると, いすにこしかけてご本をよんでいるわ。
(어머니는 시간이 있으면 의자에 앉아서 책을 읽고 있어)

동일한 용어이더라도 (6)에서처럼「お」또는「ご」가 높여야 할 대상의 소유물에 사용될 때는 존경접두사, (7)에서처럼「お」또는「ご」가「私の」또는「一般の」의 의미일 때는 미화접두사로 기능하고 있다.

「お」를 첨가하여 오히려 부정적인 의미를 내포하는 접두사「お」의 특수한 기능이 있다.「お」가 미화어 혹은 공손어를 만들지 않고 오히려 비아냥이나 조소 등으로 의미의 변화를 유발시키는 기능이다. 예를 들면,「お手盛り法案」의「お手盛り」,「お偉い人」의「お偉い」,「お高くとまる」의「お高い」,「お寒い福祉行政」의「お寒い」,「お粗末な芸」의「お粗末」,「あの男は少々おめでたい」의「おめでたい」등에서는 야유나 비난의 의미가 강하게 나타난다.「お芝居」「お太鼓」「お体裁」「お題目」「お荷物」「ご大層」등에서도 유사한 기능을 엿볼 수 있다. 발화(発話) 내용에 의해 부정적인 의미가 생기는 경우도 있는 것이다.

(8) a) その場合に，お手盛りの弊害を防ぐ方法を検討しなければならないだろう。

(그 경우에, 자기에게 유리하도록 정하는 것의 폐해를 방지하는 방법을 검토해야 될 것이다)

b) ついには，離婚まで考えるのだが，おめでたい夫は，冗談だと思ってとりあおうとはしない。

(결국에는 이혼까지 생각하는데, 우둔한 남편은 농담이라고 생각해서 상대하려고 하지 않는다)

c) 当時の地質学会の権威は，その時代のお上品ぶった態度から，みっともないと判断したのだった。

(당시의 지질학회의 권위는, 그 시대의 고상한 척하는 관점에서 꼴불견이라고 판단했던 것이다)

d) 大きなお世話だ。おまえさ，しゃべる時いつもニヤニヤするのはどうして？ キモい。
(쓸데없는 참견이야. 너 말이야. 말할 때 항상 히죽히죽하는데 왜 그래? 기분 나빠)

「お」의 유무에 의해 의미가 변하는 독특한 것이 있다. 예를 들면, 「お帰りなさい」는 「来る人」에 대한 공손한 인사표현인데, 「お」를 제거한 「帰りなさい」는 「行く人」에 대한 거친 명령문이 된다. 또, 현대어에서는 잘 쓰이지 않지만 「宅(たく)」는 「자기 집이나 자기 남편」을 가리키는 겸양어적인 용어인데, 「お宅(たく)」라고 하면 「상대방의 남편」이 되지 않고, 이인칭대명사로 전환되든가 「住宅」의 존경어적인 용어가 된다.

이상, 본장에서 살펴본 미화어를 정리해 보자. 미화어는 소재경어 및 대자경어의 기능을 겸비하고 있다. 화자의 언어적 품위를 유지하기 위한 미화표현에는, 청자를 의식한 용법, 즉 청자를 전제로 한 용법이 많이 발견되는데, 이들은 대자경어로서의 기능으로 봐야 한다.

미화어의 발달은 일본어의 특징이라고 할 수 있다. 미화어는 다른 경어와 마찬가지로 특정형과 일반형이라는 일정한 체계를 갖추고 있다. 특정형의 미화어는 「뇨보고토바(女房詞)」에서 비롯된 것이 많이 발견된다. 미화접사에 의해 형성되었으나 특정형으로 간주되는 미화어는 접사가 첨가된 형태로 사전류에 게재될 정도로 일체화되어 있다. 따라서 이와 같은 용어는 남녀를 불문하고 「お」가 첨가된 형태로 운용되는 경우가 일반적이다.

일반형의 미화어는 고유어나 한자어를 불문하고 일반적으로 접두사 「お」에 의해 생산된다고 하는 특징을 갖는다. 이는 여성의 언어생활과 밀접한 관련이 있다. 일반형의 미화어는 접두사의 분리가 가능

하기 때문에 남성은 미화어로 사용하지 않는 경향이 강하다.

접두사「お」는 같은 부류의 용어라고 해서 항상 첨가가 가능한 것도 아니고, 그 기능이 항상 긍정적인 것만도 아니다.「お」를 첨가함으로 인해 오히려 부정적인 효과로 기능하는 경우도 있고,「お」의 유무에 의해 전혀 다른 의미를 나타내는 경우가 있는 등, 미화어에도 여러 가지의 형태와 기능이 있다.「お」가 미화접두사인지, 존경접두사 혹은 겸양접두사로 기능한 것인지도 첨가되는 용어와 상황에 따라 판별을 해야 하는 경우도 적지 않다. 이때는 인물과 직접적인 관련을 갖는 표현인가 그렇지 않은가가 중요한 대비점이 된다.

제7장

경어관련 개념해설

경어와 관련하여 꼭 이해해야 할 개념해설을 정리해 두도록 한다. 찾아보기 쉽게 가나다순으로 배열하였다. 각 용어와 개념은 한국어와 일본어, 한자어인 경우 일본어 읽기 및 영어를 병기한다.

◎ 겸양어 (謙譲語, けんじょうご, humble words)

겸양어란, 화자가 화자자신이나 화자측 인물의 동작 · 상태 · 소유물 등을 낮추어서 표현함으로 인해 화제의 인물이나 청자를 높여서 대우하는 경어이다. 겸양어는 학교문법에서는 화제의 인물에 대한 경어로 일괄 취급되어 왔으나, 청자에 대한 배려를 위해 사용되는 부류가 있기 때문에「경어의 지침」에서는「謙譲語Ⅰ」「謙譲語Ⅱ(丁重語)」로 분류하여 취급하고 있다. 겸양어에는「うかがう, もうしあげる, うけたまわる, まいる」등의 특정형(特定形)과,「お · ご~する」「拙~ · ~ども」「~ていただく」등과 같은 일반형(一般形)으로서의 겸양성분(謙譲成分)이 있다.

◎ 겸양어Ⅱ (謙譲語Ⅱ, けんじょうごⅡ, humble words Ⅱ)

화제의 인물에 대한 겸양과는 관계없이, 주어나 주어에 관련된 사항을 낮춤으로 인해 청자를 높이 대우하는 겸양어이다. 겸양어Ⅱ는 청자를 정중하게 대우하기 때문에「경어의 지침」에서는 정중어(丁重語)와 동일시하고 있다.「申す, 参る, 存じる, いたす, おる」등의 겸양동사가 이에 속하며, 이들이「~ておる, ~てまいる」와 같이 보조동사로 사용되는 경우에도 겸양어Ⅱ로 기능한다.「愚息, 粗品, 拙稿, 小社, 卑見」과 같이「お · ご」에 의하지 않은 한자접두사(漢字接頭辞)에 의한 겸양어도 이에 속한다.

◎ 겸양어Ⅰ(謙譲語Ⅰ, けんじょうごⅠ, humble wordsⅠ)

겸양어 중에서 행위자를 낮춤으로 인해, 그 행위에 의해 대우되는 화제의 인물을 높이는 경어이다. 겸양어Ⅰ은 소재(素材)가 되는 인물을 대우하기 위한 것이기 때문에 전통적인 겸양어의 개념에 가장 가까운 겸양어이다.「さしあげる, もうしあげる, 存じ上げる, うけたまわる, お目にかかる」 등의 겸양동사(謙譲動詞)와,「お · ご~ する, お · ご~ もうしあげる, お · ご~ いただく」 등의 형식동사 및 접두사「お~ · ご~ 」에 의한 겸양어 등이 이에 속한다.

◎ 경어(敬語, けいご, honorifics)

경어란, 어떤 표현을 할 때에 표현주체가 대화를 구성하는 3요소인 화자와 청자 및 화제의 인물간의 상대적 상하관계(上下関係) 또는 사회적 친소관계(親疎関係) 등을 고려하여 경의(敬意)를 나타내는 언어형식을 사용하여 그 관계자를 대우(待遇)하는 언어표현을 말한다.

일본의 전통적인 학교문법에서는 경어를「尊敬語(존경어)」「謙譲語(겸양어)」「丁寧語(공손어)」의 3종류로 나누는 것이 일반적이었지만, 여기에 수정을 가한 여러 종류의 분류법이 있다. 최근에는 2007년에 일본정부가「敬語の指針(경어의 지침)」을 공표하였다. 이 지침에서는 경어를 「尊敬語, 謙譲語Ⅰ, 謙譲語Ⅱ(丁重語), 丁寧語, 美化語」라는 다섯 가지로 분류하고 있다.

경어를 논할 때 주의해야 할 점은, 누군가를 직접적으로 높이는 표현뿐만 아니라, 자기를 낮춤으로 인해 상대적으로 관계자를 높이는 표현도 경어라는 점이다.

◎ 경어동사 (敬語動詞, けいごどうし, honorific verbs)

경의를 나타내기 위하여 사용되는 한 단어화된 동사로서의 경어를 말한다. 여기에는 「いらっしゃる, なさる, おっしゃる, くださる, めしあがる, おいでになる」 등의 존경동사(尊敬動詞)와 「さしあげる, もうす, もうしあげる, かしこまる, まいる, うかがう, ぞんじる, ぞんじあげる, いただく, いたす, うけたまわる」 등의 겸양동사(謙譲動詞)가 있다.

◎ 경어성분 (敬語成分, けいごせいぶん, honorific components)

경어표현을 만드는 성분을 경어성분이라고 한다. 「경어의 지침」에서 말하는 「일반형」과 같은 개념이다. 존경표현을 생성하는 성분으로는 「お · ご~になる, れる · られる, お · ご~なさる, お · ご~くださる」 「お, ご, 貴, 尊」 등의 존경성분이 있고, 겸양표현을 생성하는 성분으로는 「お · ご~する, お · ご~いたす, お · ご~もうす, お · ご~いただく」 「お, ご, 愚, 粗, 拙」 등의 겸양성분이 있다.

◎ 경어연결 (敬語連結, けいごれんけつ, honorific coupling)

두 개 이상의 단어를 각각 경어로 하여 접속조사「て」로 연결한 것을 경어연결이라고 한다. 각각 다른 단어를 경어로 하였기 때문에 이중경어가 아니며, 한 단어만 경어로 하는 것 보다 더 높은 단계의 경어표현이 된다. 예를 들면,「お書きになっていらっしゃる」의 경우,「書く」를 일차적으로 존경어「お書きになる」로 한 후에「いる」도 존경어「いらっしゃる」로 하여「て」로 연결한 것이다. 경어연결은 높이고 낮추는 대상에 대한 용어 선택에 문제만 없으면 제대로 된 표현이다.

◎ 경어적인칭 (敬語的人称, けいごてきにんしょう, honorific grammatical person)

경어적인칭이란 서양문법에서 말하는 인칭의 개념과 다른 것으로 주로 상대경어법이 발달한 일본어의 경어를 논할 때 사용된다. 일본어에서는「ウチ」와「ソト」라는 개념이 언어생활에 있어서 매우 중요하게 작용하는데, 서양문법에서 말하는 삼인칭에 속하는 화자의 가족이나 자기가 속해 있는 회사 사람 등, 자기의 범주에 속하는 사람을 외부인에게 칭할 때 일인칭인 화자에 준하는 사람으로 경어표현을 해야 한다. 이와 같이 경어표현을 할 때에 외부인(ソト)에 대하여 낮추어야 하는 내부인(ウチ)을 경어적일인칭이라고 한다. 상대방의 범주에 속하는 인물은 경어적이인칭으로 취급하여 그에 걸 맞는 표현을 해야 한다.

◎ 공손어 (丁寧語, ていねいご, polite words)

공손어란 일본어의「丁寧語」를 번역한 말이다. 공손어는, 화자가 오로지 청자만을 배려하여 그 청자를 높여서 공손하게 대우하는 경어이다. 여기에서는 문법적으로나 의미적으로나 화제의 인물이나 내용과는 일체 상관이 없다. 현대어에서는「です, ます, ございます」등이 일반적으로 사용되고, 고어(古語)에는「はべり, そうろう」등이 있다.「尊敬語(존경어)」「謙譲語(겸양어)」와 더불어 경어의 삼분법(三分法)을 이루지만, 존경어와 겸양어보다 나중에 성립하였다.

◎ 뇨보고토바 (女房詞, にょうぼうことば, NYOBOKOTOBA)

무로마치시대(室町時代) 초기에 궁중에서 일하던 궁녀들이 사용하기 시작한, 당시에는 특수한 표현을 말한다. 원래는 궁녀들 사이에서만 쓰던 은어적인 성격의 표현이었으나, 차츰 품위 있고 우아한 표현으로 일반화되면서 보급되어 현대어에도 많이 남아 있다. 현대어에서 미화어로 쓰이는 많은 용어가 뇨보고토바(女房詞)에서 비롯된 것이다. 예를 들면「お中(腹), お冷や(水), おしたじ(醤油), きなこ(豆の粉), おあし(銭), おでん(田楽), 青物(野菜), おいしい(うまい)」등이 있다.

◎ 대우표현 (待遇表現, たいぐうひょうげん, attitudinal expressions)

인물평가에 관련되는 제반 사항에 근거하여, 표현주체가 자기와 표현수용자와의 상호관계를 고려하여, 그들 사이의 상하 · 친소 등에 관련된 표현주체의 태도를 상황에 따라 표명하는 언어행위이다. 대우표현에는 경어(敬語)뿐만 아니라 보통어(普通語)나 비속어(卑俗語) 등이 포함된다. 이 중에서 대우표현의 중핵을 이루는 것이 경어이기 때문에 대우표현을 경어표현과 동일시하는 경우도 있다. 그러나 두 가지는 각각의 의미범주가 다르기 때문에 구분해서 사용해야 한다.

◎ 대자경어 (対者敬語, たいしゃけいご, addressee honorifics)

경어를 소재경어와 대자경어로 분류할 때의 한 축으로, 대자경어는 소재경어(素材敬語)에 상대되는 개념이다. 표현되는 경어에 의해 대우되는 인물이 청자일 경우의 경어를 말한다. 겸양어Ⅱ, 정중어, 공손어 등이 이에 속하는데, 전통적으로는 공손어(丁寧語)만 대자경어로 취급하는 경향이 있었다. 그래서 대자경어의 대표적인 예로「です · ます」를 든다. 경어를 논할 때, 학교문법에서의 3분법과 더불어 소재경어와 대자경어도 많이 사용되고 있는 용어이다.

◎ 마이너스경어 (マイナス敬語, マイナスけいご, minus honorifics)

일반적으로 경어는 수용자를 상위(上位)로 대우하는 표현 형식을 가리키는데, 보통어(普通語)로 대우하거나 비속어(卑俗語)로 대우하는 등의 일련의 대우표현 전체를 경어로 보는 견해가 있다. 그 중에서「言う」에 대한「言いやがる」「ぬかす」,「この人」에 대한「この野郎」등의 비속어로 대우하는 경어를 마이너스경어라고 한다. 단, 이렇게 되면 경어와 대우표현의 관계가 애매해지기 때문에 일반적인 설은 아니다.

◎ 매뉴얼경어 (マニュアル敬語, マニュアルけいご, manual honorifics)

직장에서의 경어 사용 중에서, 특히 접객 장면에서의 언어사용에 대하여 구체적인 언어표현을 제시하는 것으로 신입사원이나 임시사원의 지도에 사용되는 패턴화되어 있는 경어를 매뉴얼경어라고 한다. 매뉴얼 중에는 경어의 사용법이 잘못되어 있거나 지나칠 정도로 매뉴얼에만 충실하여 인간미가 느껴지지 않는다는 등의 비판이 있다. 예를 들면, 「ご注文の品はおそろいになりましたでしょうか」와 같은 표현은「おそろいになる」에 의해 높여지는 대상이「ご注文の品」가 되기 때문에 잘못이다. 이때는「ご注文の品はそろいましたでしょうか」와 같은 식으로 표현하는 것이 적절하다.

◎ 무경어지대 (無敬語地帯, むけいごちたい, non-honorific region)

경이 중에서 특히 존경이와 겸양이가 발달되어 있지 않은 지역을 말한다. 다른 지역과의 교류가 적은 산촌, 어촌 등에는 도시지역에 비해 일반적으로 경어가 발달되어 있지 않은 경우가 많은데, 특히 일본의 관동지방(関東地方) 북부 지역과 동북지방(東北地方) 남부 지역 등의 방언이 유명하다. 그러나 무경어지대라고 하더라도「さん」등의 접미사나,「です · ます」에 해당하는 공손한 조동사 등은 사용되는 경우가 많기 때문에 일본에서 경어가 완전히 사용되지 않는 지역은 찾아보기 힘들다.

◎ 미화어 (美化語, びかご, dignified words)

미화어란, 소재내용에 대하여 품위 있는 말을 사용함으로 인해 화자자신의 품위를 지키기 위한 말로 일반적으로 해석된다. 따라서 미화어는 소재경어라 할 수 있지만, 그 품위를 지키는 것이 누구를 배려해서인가를 보면 대자경어라 할 수 있다. 미화어는 특정형에 의한 미화어와 일반형에 의한 미화어로 나눌 수 있는데, 전자는「食う」에 대한「食べる」와 같이 접두사를 필요로 하지 않는 단어나, 접두사를 분리할 수 없는 말을 가리키고, 후자는「魚」에 대한「お魚」와 같이 접두사를 본체로부터 분리할 수 있는 말을 가리킨다.

◎ 사회언어학 (社会言語学, しゃかいげんごがく, sociolinguistics)

사회언어학이란 영어의 sociolinguistics 를 번역한 말로, 문법중심의 언어연구로부터 탈피하고자 1960년대 후반에 미국에서 시작된 언어학의 한 분야이다. 사회언어학은 언어사용자의 연령, 성별, 지역, 계층 등에 보이는 다양성을 연구하는 분야이기 때문에 일반적으로 경어연구와 겹치는 부분이 많다. 따라서 경어에 대하여 전에는 문법의 한 범주로 보았으나 근래에는 사회언어학의 한 범주로 보는 것이 일반적이다.

◎ 상대경어 (相対敬語, そうたいけいご, relative honorofics)

일본어에서는 화자를 낮추어야만 하는 것이 아니라, 청자가 화자

측 인물이 아닐 경우에는 그 화자측 인물도 낮추어서 대우해야 한다. 즉, 일본어에서는 화자와 청자 및 화제의 인물 사이의 상대적(相対的)인 관계를 모두 고려하여 표현하지 않으면 안 된다. 예를 들면 한국어에서는「저희 아버님이 그렇게 말씀하셨습니다」라고 표현할 수 있지만, 일본어에서는「父がそう申しました」와 같이 표현해야 한다. 이처럼 발화에 등장하는 삼자관계를 모두 고려하여 행해지는 경어를 상대경어 또는 상대경어법(相対敬語法)이라고 한다.

◎ 소로문 (候文, そうろうぶん, SOROBUN)

주로 서간문에 사용되는 문어(文語)에 있어서의 문체를 말한다. 문장 안에서「候(そうろう)」는「ある」「いる」의 경어 또는 보조동사로 사용된 것으로「あります · ございます」「おります」의 의미를 나타낸다. 나라시대(奈良時代)부터 사용되던「侍り(はべり)」를 대신하여 헤이안시대(平安時代)에는「候」가「侍り」에 이어 대자경어로 사용되게 되었다. 이후, 주로 문말표현으로 사용되면서 청자에게 경의를 나타내는 하나의 문체형식으로 정착하게 된다.「候」는 가마쿠라시대(鎌倉時代), 무로마치시대(室町時代), 에도시대(江戸時代)를 거치면서 왕성하게 사용되었으나, 현재는 편지 등을 쓸 때 이외에는 사용예가 극히 드물다.

◎ 소재경어 (素材敬語, そざいけいご, referent honorifics)

경어를 소재경어와 대자경어로 2분할 때의 한 축이다. 표현의 소재에 관련된 경어, 즉, 화제의 인물로 등장하는 인물을 대우하기 위하여 사용되는 경어를 소재경어라고 한다. 경어를 존경어, 겸양어, 공손어로 분류하는 3분법 중에서 대략 존경어와 겸양어가 이에 해당하지만, 겸양어 중에는 실질적으로 소재경어에 속하지 않는 부류가 있는 등, 확실한 구분법은 되지 못한다. 겸양어Ⅰ은 소재경어에 속하고 겸양어Ⅱ는 대자경어에 속하기 때문이다. 그러나 경어를 설명할 때에 편리하게 사용되는 용어이기는 하다. 대응되는 용어에 대자경어(対者敬語)가 있다.

◎ 수수표현 (授受表現, じゅじゅひょうげん, benefactive expressions)

수수동사를 사용한 표현을 수수표현이라고 한다. 수수동사는 사물이나 은혜를 주고받는 상황을 표현하는「やる·あげる·さしあげる」「くれる·くださる」「もらう·いただく」와 같은 동사를 말한다. 이들은 보통어와 경어가 정연한 체계를 갖추고 있기 때문에 경어론에서 취급하는 경우가 많다. 수수동사는 모두「~て」의 형태로 보조동사로도 사용된다는 특징이 있다.

◎ 위상어 (位相語, いそうご, phase words)

어떤 화자가 속한 사회집단이나 장면의 차이에 따라, 같은 내용을 표현할 때에도 여러 가지 형태를 취할 수가 있는데, 이와 같은 각 분야에 있어서의 언어의 양상을「位相」이라 하고, 특정한 위상에서 사용되는 말을「位相語」라고 부른다. 위상어는 표현주체와 표현양식에 따라 공통어와 방언, 남성어와 여성어, 유아어와 노인어, 직업어 또는 전문어, 경어체와 보통체, 대화체와 문장체 등으로 구분하여 논할 수 있다.

◎ 이방면경어 (二方面敬語, にほうめんけいご, double-direction honorifics)

행동주가 화자보다 상위자이고 그 행동의 수용자가 행동주보다 상위자일 때, 화자의 입장에서는 두 소재의 인물에 대해 경어를 사용해야 되는 경우가 있다. 예를 들면 「課長が社長を会場までご案内してくださいました」와 같이 화자의 입장에서는 「課長」를 높여야 되는데 「案内する」의 수용자가 더 상위자인 「社長」이기 때문에 「課長」의 행동을 「ご案内する」로 일단 겸양하고, 「課長」에게도 「てくださる」를 사용하여 행동주가 화자보다 상위자라는 것을 표시한다. 이와 같이 한 문장 안에서 두 방면에 경의를 표시하는 것을 이방면경어라고 한다. 이때의 경어성분의 배열순서는 「겸양성분+존경성분」이다.

◎ 이중경어 (二重敬語, にじゅうけいご, duplex honorifics)

하나의 단어에 대하여 같은 종류의 경어를 이중으로 사용한 것을 이중경어라고 한다. 예를 들면, 「お書きになられる」의 경우, 「書く」를 존경어 「お書きになる」로 한 후에 또 다른 존경성분 「れる」를 첨가하였기 때문에 이중경어이다. 일본어화자에게서 종종 들을 수 있는 표현이지만, 이중경어는 어법에 맞지 않는 표현법이므로 사용하지 않는 것이 좋다. 단, 단어에 따라서는 습관으로 정착한 것도 있다. 「경어의 지침」에서 습관으로 정착되어 있는 이중경어의 예로 든 것은 존경어의「お召し上がりになる, お見えになる」및 겸양어 I 의「お伺いする, お伺いいたす, お伺い申し上げる」이다.

◎ **일반형** (一般形, いっぱんけい, general form)

특정한 어형 즉 특정형(特定形)에 대응되는 개념으로, 경어표현을 생성하는데 널리 사용되는 문법적 성분을 일반적인 어형, 줄여서 일반형이라고「경어의 지침」에서 사용하는 용어이다. 동사에 적용하여 경어를 생산적으로 산출하는「お · ご~になる」「お · ご~する」와 같은 형태를 말한다. 그러나 이것은 단어가 아니라 경어를 만드는 성분이기 때문에「경어성분」이라고도 한다.

◎ **자경표현** (自敬表現, じけいひょうげん, self-honorific expressions)

말하는 자가 스스로를 높여서 표현하는 것을 자경표현이라고 한다. 과거에는 천황이나 군주가 스스로를 높이고 부하를 낮추어서 표현하는 방식이 있었으나 현대어에서는 이와 같은 방법은 사용되지 않는다. 단, 장난삼아 스스로에 대하여「<u>俺様</u>の<u>おっしゃる</u>ことにつべこべ言わず従え」와 같은 표현이 사용되는 경우는 있다. 이와 같은 표현을 일본어에서는 주로「尊大語(そんだいご)」라고 하는데, 이를 문자대로 번역하면「존대어」가 되어버리기 때문에 한국어와 맞지 않게 되어 한국어로는「자경표현」이 더 타당성이 있다. 스스로를 높여서 표현한다는 점에서「尊大語(そんだいご)」는 자경표현과 다를 바 없다.

◎ 절대경어 (絶対敬語, ぜったいけいご, absolute honorifics)

화자와 화제의 인물과의 절대적인 관계가 경어표현에 그대로 반영되어 청자가 외부인이라고 하더라도 경어적일인칭자를 존경어로 대우하는 등, 화제의 인물과 청자와의 관계를 고려하지 않고 표현하는 경어를 절대경어 또는 절대경어법(絶対敬語法)이라고 한다. 한국어의 경어는「저희 어머님이 그렇게 말씀하셨습니다」라고 표현할 수 있기 때문에 절대경어라 하고, 일본어의 경어는「母がそう申しました」와 같이 표현해야 하기 때문에 상대경어라 한다.

◎ 정중어 (丁重語, ていちょうご, courteous words)

「경어의 지침」에서는 겸양어Ⅱ와 동일시하고 있지만, 실질적으로 정중어는「申す, 参る, 存じる, いたす, おる」 등이, 주어가 낮추어야 할 대상이 아닌 경우에 오로지 청자에의 정중함을 나타내기 위해 사용되는 경우로 한성하여 생각하는 것이 더욱 이해하기 쉽다.「一番線から上りの電車が参ります」에 있어서의「参る」와 같은 용법이다. 오로지 청자만을 대우한다는 의미에서 공손어(丁寧語)와 비슷한 개념이지만, 공손어는 행위자에 상관없이 사용할 수 있는 순수한 대자경어인 반면, 정중어는 행위자가 상위자일 때는 사용할 수가 없는 차이점이 있다.「一昨日(いっさくじつ), 明晩, いかが」 등도 정중어에 포함되는 용어이다.

◎ 제삼자경어 (第三者敬語, だいさんしゃけいご, third personal honorifics)

화자와 청자 사이에서 사용되는 화제의 인물이나 그 소유물에 대한 경어를 말한다. 일반적인 화제의 인물에 대한 경어와 비슷하지만, 일반적으로는 화자나 청자가 화제의 인물과 동일인물이 될 수가 있는데 비해, 제삼자경어는 화자와 청자가 아닌 제삼(第三)의 인물에 대한 경어라는 뜻으로 사용된다. 예를 들면「先輩, そのことは田中先生にうかがってください」에서, 제삼자인「田中先生」에 대해 사용된「うかがう」와 같은 경어를 말한다.

◎ 존경어 (尊敬語, そんけいご, honorific words)

존경어란 화자가 화제의 인물의 동작 · 존재 · 상태 · 성질 · 소유물 등에 대하여 높여서 대우하는 경어이다. 동사(動詞)의 존경어는 그 문(文)의 주어(主語)를 높이는 기능을 갖는다.「いらっしゃる, おっしゃる, なさる, くださる, めしあがる, どなた」등의 특정형(特定形)과, 일반형(一般形)을 만드는 존경성분(尊敬成分)으로서 접두사「お · ご」, 접미사「様 · 殿」, 조동사「れる · られる」, 형식동사「お · ご~になる」「お · ご~なさる」, 보조동사「~てくださる」「~ていらっしゃる」등이 있다.

◎ 친애어 (親愛語, しんあいご, chummy words)

대우표현의 한 방법으로 친애의 정을 담아 표현하는 경우의 용어이

다. 많은 경우, 사람을 부를 때의 호칭표현에 나타나는데, 「優子さま, 優子さん」 대신에 「優子ちゃん, 優ちゃん」을 사용하는 것과 같은 예에서 볼 수 있다. 별명을 부르거나 애칭을 사용하는 경우도 있다.

◎ 터부어 (忌み言葉, いみことば, taboo words)

재수가 나쁜 일이나 꺼려야 하는 것을 말하는 것을 피해 다른 말로 표현하는 것을 말한다. 부정적인 말 자체를 말하는 경우도 있고, 그 부정적인 말을 피하기 위해 만들어낸 완곡한 표현을 말하는 경우도 있다. 후자와 같은 표현으로는 「お開き(<閉会), あたりめ(<するめ), あがり(<お茶), ありのみ(<梨)」 등이 있다.

◎ 특정형 (特定形, とくていけい, specific form)

한 단어화된 특정한 형태를 갖추고 있는 경어를 특정형이라고 한다. 「行く」에 대한 「いらっしゃる」와 같은 어형이다. 「特定の語形(특정한 어형)」을 줄여서 「경어의 지침」에서 사용하는 용어이다. 「특정어형」이라고도 하며 언어를 취급하기 때문에 이것이 더욱 효과적인 용어라고 할 수 있다. 경어성분(敬語成分)에 의한 일반적인 형태인 일반형에 대응되는 개념이다. 특정형에는 「いらっしゃる, なさる, おっしゃる, くださる, めしあがる」 등의 존경동사(尊敬動詞)와 「さしあげる, もうしあげる, かしこまる, まいる, うかがう」 등의 겸양동사(謙譲動詞) 및 얼마간의 존경체언(尊敬体言)이나 겸양체언(謙譲体言) 등이 있다.

◎ 폴라이트니스 (ポライトネス, politeness)

폴라이트니스는「정중표현」또는「공손표현」등으로 번역되는데, 일본어에서는「ポライトネス」를 그대로 쓰는 경우가 많다. 폴라이트니스는 경어로서의 체계가 갖추어져 있는가 아닌가 하는 관점이 아니라, 표현 자체를 정중하게 할 수 있느냐 없느냐에 포인트가 있다. 일본어와 한국어에서는 주로 문말표현의 공손체(丁寧体)와 그에 의한 공손표현(丁寧表現)을 말하는데, 언어 일반에 있어서는 모든 언어에 범용적으로 존재하는 상대방에 대한 배려를 표현할 수 있는 방법을 가리킨다.

◎ HARU경어 (ハル敬語, ハルけいご, HARU-honorifics)

일본의 각 지역에는 지역방언이 발달되어 있다. 경어의 경우도 마찬가지로 각 지역에서 독특하게 쓰이는 용법이 있다. 그 중에서 널리 알려져 있는 것에 관서지방에서 주로 사용하는「~はる」가 있다. 이것은 공통어의「~れる・~られる」와 흡사한 경어성분인데, 이를 사용한 경어를 통칭하여「ハル敬語」라고 한다. 공통어와는 용법에도 차이가 있다. 공통어는 일반적으로 상대경어를 구사하는데,「ハル敬語」에서는「うちの父さん, 家にいてはります」와 같이 화자측 인물을 높이는 일종의 절대경어적 용법이 사용되고 있다.

◎ 황실경어 (皇室敬語, こうしつけいご, imperial honorifics)

황실 안에서 사용되는 독특한 존경어 형식의 경어를 황실경어라고 하는 경우도 있으나, 경어론에서 말하는 황실경어란 신문이나 라디오, 텔레비전 등의 매스미디어에서 황실관계의 보도를 할 때에 천황(天皇)을 비롯한 황족(皇族)을 소재로 하여 사용하는 경어를 말한다. 일본어의 경어가 일반적으로 상대경어(相対敬語)인데 비하여 황실경어는 절대경어(絶対敬語)가 사용된다. 종전(終戦) 전에는「玉体, 天顔」과 같은 황실에 대한 특별한 경어가 사용되었으나, 종전(終戦) 후에는「お体, お顔」와 같은 일반적인 경어로 대체되었다.

【참고문헌】

浅田秀子 (1996)『敬語マニュアル』, 南雲堂.

池上秋彦 (1984)「体言の敬語法」『研究資料日本文法⑨ 敬語法編』(鈴木一彦・林巨樹編), 明治書院.

『1万語語彙分類集(品詞別・レベル別)』(1991) 専門教育出版編集部テスト課編, 専門教育出版.

井上優編 (2003)『日本語教育ブックレット3 日本語教師のための対照研究入門』, 国立国語研究所.

『Wiktionary日本語版』 https://ja.wiktionary.org/wiki/.

NHK放送文化研究所編 (2005)『NHKことばのハンドブック第2版』, NHK出版.

大石初太郎 (1975)「敬語の仕組み」『「ことば」シリーズ1 敬語』(文化庁編), 大蔵省印刷局.

大石初太郎 (1983)『現代敬語研究』, 筑摩書房.

大石初太郎 (1986)『敬語』, 筑摩書房.

大野晋・柴田武編 (1977)『岩波講座日本語4 敬語』, 岩波書店.

小川悟 (2009)『正しい敬語 美しい敬語が話せる本』, 日本経済新聞出版社.

加藤正信 (1973)「全国方言の敬語概観」『敬語講座6 現代の敬語』(林四郎・南不二男編), 明治書院.

菊地康人 (1994)『敬語』, 角川書店.

北原保雄 (1988)「現代敬語のメカニズムはどうなっているか」『國文學』第33巻 第15号臨時号, 學燈社.

北原保雄編 (1978)『論集日本語研究9 敬語』, 有精堂.

北原保雄監 (2006)『みんなで国語辞典!』, 大修館書店.

北原保雄編 (2009)『みんなで国語辞典② あふれる新語』, 大修館書店.

熊谷智子 (1993)「研究対象としての謝罪—いくつかの切り口について—」,『日本語学』第十二巻第十二号, 明治書院.

「敬語の指針」(2007) 文化審議会答申.

「現代社会における敬意表現」(2000) 国語審議会答申.

『現代用語の基礎知識2016』(2016) 自由国民社.

『広辞苑 第六版』(2008) 岩波書店.

『国語学大辞典』(1980) 東京堂出版.

国立国語研究所 (1990)『敬語教育の基本問題(上)』(日本語教育指導参考書17 窪田富男執筆), 大蔵省印刷局.

国立国語研究所 (1992)『敬語教育の基本問題(下)』(日本語教育指導参考書18 窪田富男執筆), 大蔵省印刷局.

国立国語研究所 (2008)『新「ことば」シリーズ21 私たちと敬語』, ぎょうせい.

「これからの敬語」(1952) 国語審議会建議.
坂本達・西方草志編 (2009)『敬語のお辞典』, 三省堂.
鈴木一彦・林巨樹編 (1984)『研究資料日本文法⑨ 敬語法編』, 明治書院.
田中章夫 (1974)「敬語関係用語集」『敬語講座9 敬語用法辞典』(林四郎・南不二男編), 明治書院.
辻村敏樹 (1963)「敬語の分類について」『国文学 言語と文芸』第五巻第二号, 大修館書店.
辻村敏樹 (1967)『現代の敬語』, 共文社.
辻村敏樹 (1968)『敬語の史的研究』, 東京堂出版.
『デジタル大辞泉』(http://www.daijisen.jp/digital) 小学館.
中村平治 (1993)『敬語から丁寧表現へ』, 近代文芸社.
名古屋・ことばのつどい編集委員会編 (1997)『日本語論究5 敬語』, 和泉書院.
西田直敏 (1987)『敬語』(国語学叢書13), 東京堂出版.
西村幸子監修 (2008)『正しい敬語100問100答』, 青志社.
『日本語学研究事典』(2007) 飛田良文ほか編, 明治書院.
日本語教育学会編 (2005)『新版 日本語教育事典』, 大修館書店.
『日本語百科大事典』(縮刷版, 1995) 大修館書店.
『日本文法用語辞典』(1989) (岩淵匡・桜井光昭・武部良明・森田良行編), 三省堂.
林四郎・南不二男編 (1973)『敬語講座6 現代の敬語』, 明治書院.
林四郎・南不二男編 (1974)『敬語講座8 世界の敬語』, 明治書院.
林四郎・南不二男編 (1974)『敬語講座9 敬語用法辞典』, 明治書院.
速水博司・日本語検定委員会 (2008)『日本語検定公式領域別問題集 敬語』, 東京書籍.
한국일본어학회편 (2005)『일본어학 중요용어 743』, 제이앤씨.
『표준국어대사전』(http://stdweb2.korean.go.kr/main.jsp) 국립국어원.
文化庁 (1971)『待遇表現』(日本語教育指導参考書2), 大蔵省印刷局.
文化庁 (1995)『言葉に関する問答集 総集編』, 大蔵省印刷局.
文化庁 (2014)『平成25年度 国語に関する世論調査 コミュニケーション・読書・言葉遣い』, ぎょうせい.
白同善 (1997)「日韓両言語の謙譲語の機能と種類―素材性謙譲語・対者性謙譲語・丁重語―」『日本語論究5 敬語』(名古屋・ことばのつどい編集委員会編), 和泉書院.
白同善 (2003)『일본어의 대우표현 연구』(일본문화연구총서22), 보고사.
白同善 (2016)『일본어학개설』, 신아사.
堀川直義・林四郎編 (1969)『敬語〔用例中心〕ガイド』, 明治書院.
水谷信子 (1989)「待遇表現指導の方法」『日本語教育』69号, 日本語教育学会.
南不二男 (1976)「日本語の敬語」『日本語講座1 日本語の姿』(金田一春彦編), 大修館書店.
南不二男(1987)『敬語』, 岩波書店.
宮地裕 (1976)「待遇表現」『日本語と日本語教育(文字・表現編)』(国立国語研究所, 国語シリーズ別冊4), 大蔵省印刷局.
宮地裕ほか編 (1989)『講座日本語学9 敬語史』, 明治書院.

〈예문 출처〉

「朝日新聞デジタル」(2016年分) http://www.asahi.com/, 朝日新聞.
『英語の敬語』(2005) 数佐尚実, 中経出版.
『キッチン』(1988) 吉本ばなな, 福武書店.
「Qさま!! (クイズプレゼンバラエティ)」(2010) テレビ朝日, 20100614 放送分.
「少納言」(KOTONOHA「現代日本語書き言葉均衡コーパス」) (2016年検索) http://www.kotonoha.gr.jp/shonagon/, 国立国語研究所・文部科学省.
『新源氏物語』(1962) 川口松太郎. 文芸春秋新社.
『千羽鶴』(1956) 川端康成, 新潮社.
『東京タワー』(2006) 江國香織, 新潮社.
「半沢直喜」(2013) TBS(ドラマ), 20130707~20130922 全10回.
『雪国』(1947) 川端康成, 新潮社.

【색인】